FRANZ XAVER VON SCHÖNWERTH

Der Klappermichl

Schauermärchen aus Bayern

FRANZ XAVER VON SCHÖNWERTH

Der Klappermichl

Schauermärchen aus Bayern

Erika Eichenseer (Hrsg.)

Volk Verlag München

Zu den Quellen:

Jedem Märchen ist der Ort seines Entstehens und die Quelle, aus der es für diesen Band entnommen wurde, beigegeben.

ZA = Zentralarchiv der deutschen Volkserzählung. Universität Marburg, Institut für Europäische Ethnologie / Kulturwissenschaft.

SSO = Franz Xaver von Schönwerth: Aus der Oberpfalz. Sitten und Sagen. Band 1, 2, 3. Augsburg 1857, 1858, 1859.

Winkler = Karl Winkler: Oberpfälzische Sagen, Legenden, Märchen und Schwänke. Kallmünz 1935, 1960, 2009.

Holzschnitte von Michael Mathias Prechtl; mit Dank an das Stadtmuseum Amberg für die freundliche Genehmigung des Abdrucks

Die Deutsche Bibliothek verzeichnet diese Publikation in der Deutschen Nationalbibliografie; detaillierte bibliografische Daten sind im Internet über http://dnb.ddb.de abrufbar.

Streitfeldstraße 19, 81673 München
Tel. 089 / 420 79 69 80, Fax 089 / 420 79 69 86
www.volkverlag.de

Druck: Kösel, Krugzell

ISBN 978-3-86222-252-0

INHALT

STRÖME VON GOLD AUS EINEM BETTELSACK

Angst, und vor allem ihre Überwindung, ist ein breites Thema, nicht nur in Märchen und Mythen. Angst kommt über alle Zeiten mit immer anderen Gesichtern daher – bis heute, wo das unbestimmte Grauen vor der Zukunft eine oft beängstigende Dimension erhalten hat.

In den alten Geschichten hat die Angst noch einen fassbaren Körper, oft sogar ein menschliches Antlitz als Hexe, Wilde Jagd, Drud, Tod oder Teufel. Diese Figuren sind Hilfsmittel, mit denen man umgehen, die Angst besiegen kann: Durch Geschenke oder Opfergaben können die alten Geister besänftigt werden oder man täuscht und überlistet die Körper gewordene Gefahr: der dumme Teufel, der geprellte Tod …

Franz Xaver von Schönwerth (1810–1886), hat um die Mitte des 19. Jahrhunderts einen ganzen Landstrich im Osten Bayerns durchkämmt, besessen von der Idee, die vielfältigen Ausdrucksweisen seiner Landsleute – der Leute vom Land – zu dokumentieren. Die Brüder Grimm, seine Zeitgenossen, gaben den Anstoss dazu. Was entstanden ist, „gehört zu den bedeutendsten Beständen ihrer Art im deutschsprachigen Raum und eröffnet der kulturhistorischen Forschung vielfältige Perspektiven“.* Trotzdem ist eine riesige Menge der Sagen und Märchen, die Schönwerth bei seinen Unternehmungen zusammengetragen hat, über lange Zeit wohl verwahrt, in Vergessenheit geraten. Mein Fund von 500 dieser authentisch erzählten Geschichten war eine weltweite Sensation und meine Faszination für diese ungeschönten, ursprünglichen Texte – keineswegs alle Kindermärchen – hält bis heute an.

Franz Xaver von Schönwerth hatte „ein leises Gehör“* für die Abstufungen von Angst und Erlösung, für die Urgewalt der

Natur gegenüber der Winzigkeit des Menschen, und er hat die urwüchsige ländliche Sprache mit ihrem herben Witz und ihrer unvergleichlichen Schlagkraft dokumentiert. Gemäß der Tradition von Schönwerths Aufzeichnungen folgen die hier versammelten Geschichten einem wechselnden Sprachmuster. So verleiht das gezielte Präsens Tempo, schwillt spannungsgeladen an.

In diesem Buch geht es um schaurige, scheucht-same Geschichten, erzählt von Männern, wenn keine „Schindeln mehr am Dach waren",** oder von Knechten in den Rockenstuben, damit sich die zu Tode erschrockenen Mädchen von ihnen heimbegleiten ließen. Erzählt wurden sie in mündlicher Übergabe aus großer historischer Tiefe, als Rad und Galgen noch herrschten, aus der Zeit des Aberglaubens und seiner christlichen Umdeutung. Die oft verlogene Moral des 19. Jahrhunderts schimmert durch, das altertümliche Rechtswesen, aber auch die aufkeimende wissenschaftliche Neugier ist gegenwärtig. So bieten diese schaurigen Märchen neben dem Reiz vom Fürchtenlernen auch noch interessante kulturhistorische Einblicke. Man kann Märchenmotiven nachspüren, die weltweit gewandert sind, und sich freuen an der Selbstverständlichkeit, mit der diese Schauergeschichten angeboten werden. Und am Ende kann man Gott danken, dass aus einem Bettelsack Ströme von Gold fließen können. Ein Fest für die Phantasie!

„Wer nicht an Wunder glaubt, den hält die Wahrheit oft genug zum Narren."

Erika Eichenseer

*Jacob Grimm (1785–1863) schrieb über diese erste umfassende Sammlung von Erzählungen aus der Oberpfalz: „Nirgendwo in ganz Deutschland ist umsichtiger, voller und mit so leisem Gehör gesammelt worden".

**wenn keine Kinder mehr in der Nähe waren

DER KLAPPERMICHL

Ein Totengräber schaufelte ein Grab an einem Platz, wo schon früher jemand begraben worden war. Nachdem er sich einige Fuß tief hineingearbeitet hatte, stieß er auf ein Totengerippe, das noch gut erhalten war und fest zusammenhing.

Ohne Furcht nimmt er einen Strick, legt ihn dem Gerippe um den Hals und hängt es im Beinhaus auf. Der Wind wirft es hin und her und es klappert so laut, dass man es weit und breit hört und die Dorfbewohner sich fürchten. „Der Klappermichl findet schon wieder keine Ruh“, sagen sie und trauen sich nicht mehr aus dem Haus.

Einmal treffen sich die jungen Leute im Dorfwirtshaus. Unter ihnen ist auch eine riesenhafte Weibsperson, die sich vor nichts fürchtet. „Du“, fragen die anderen, „traust du dich, den Klappermichl aus dem Beinhaus zu holen?“ Ohne sich lange zu besinnen, geht sie fort, holt das Totengerippe aus dem Beinhaus, trägt es auf dem Buckel in die Wirtsstube und wirft es auf den Wirtshaustisch. Die anderen fangen vor lauter Furcht zu beten an, mehrere Vaterunser hintereinander.

In der Ecke sitzt ein altes Weib, das aber nicht mitbetet. „Warum betest denn du nicht? Bet wenigstens ein Vaterunser!“ – „Für den bet ich nicht!“ – „So sage doch nur ‚Herr gib ihm die ewige Ruh‘“, rufen die anderen. „Für einen solchen“, sagt da die Alte, „kann ich nicht beten.“ – „Kennst du ihn vielleicht?“ – „Ja, den kenne ich wohl!“, spricht sie darauf. „Er war mein Liebhaber, brachte mich zu Fall und hat sich dann weggeschworen.“ – „So geh hin und gib ihm wenigstens die Hand!“, reden ihr die anderen zu.

Da geht sie hin und nimmt das Gerippe bei der Hand. Im selben Moment ist es zerfallen.

Die starke Weibsperson brachte die Asche wieder auf den Friedhof und der Totengräber begrub sie zum zweiten Mal. Dann war wieder Ruhe im Dorf.

Windischeschenbach.
ZA 202 527

Dieses Märchen greift ein trauriges Kapitel der menschlichen Beziehungen, das der im Stich gelassenen ledigen Frauen, auf, scheint aber auch stark von der seit Urzeiten großen medizinischen Neugier der Menschen beeinflusst zu sein.

Um den Geheimnissen des menschlichen Körpers auf den Grund zu gehen, wurde oftmals an Verstorbenen geforscht, entsprechende Obduktionen wurden schon in der Antike unternommen. Bedeutende Fortschritte machte die Anatomie aber erst im 16. Jahrhundert, u.a. durch Leonardo da Vinci. Im 17. Jahrhundert begann die Epoche der empirisch-experimentellen Medizin, es wurde verstärkt direkt am menschlichen Körper gearbeitet. Leichen zum Sezieren waren aber stets ein rares Gut und wissbegierige Ärzte mussten z.B. auf die sterblichen Überreste von Hingerichteten, Prostituierten usw. zurückgreifen; Grabschändungen waren an der Tagesordnung.

Märchen desselben Typus: „Die Totenwache“, „Die drei Ärzte“, „Die Strümpfe des Gehenkten“

HANS UND DIE RIESEN

Ein Jäger hatte drei Söhne. Vor seinem Tod trug er ihnen auf, einer nach dem anderen von ihnen sollte sein Grab bewachen und dabei ein Feuer machen.

Der Vater war gestorben, da macht sich der Älteste auf, das Grab zu bewachen. Er sitzt am Feuer und wartet. Da kommt ein schwarzer Mann daher mit Pickel und Schaufel und fängt an, die Erde aufzugraben. Kurzerhand schießt ihm der Sohn einen Pfeil durch den Kopf und wirft den Leichnam über die Friedhofsmauer. Am nächsten Morgen begräbt er ihn und geht heim, sagt aber kein Wort von dem Geschehen am Grab.

Der mittlere Sohn erlebt denselben Spuk, auch er tötet den Ruhestörer, wirft ihn über die Friedhofsmauer und begräbt ihn am nächsten Tag. Auch er schweigt wie ein Grab.

Auch der jüngste Sohn Hans geht zur Totenwache für den Vater. In der Nacht aber kommen drei schwarze Gesellen und fangen an zu scharren. Der Junge zaudert nicht, schießt einen nach dem anderen tot und wirft sie alle über die Mauer. Währenddessen ist ihm aber das Feuer erloschen. Er steigt auf einen hohen Baum. Da sieht er von oben ein kleines Licht brennen.

Schnell geht er darauf zu, da kommt ihm ein kleines Männchen in höchster Eile entgegen. Hans fragt ihn: „Warum rennst du denn so schnell?“ – „Ich bin die Nacht! Hinter mir kommt der Tag, aber der darf mich nicht einholen.“ Hans bindet den kleinen Kerl an einen Baum und geht seines Weges.

Nicht lange, da kommt wieder ein Männchen sehr eilig daher. Es sagt, es sei der Tag. Hans bindet auch dieses an einem Baum fest und geht weiter. Kurz darauf kommt er an ein Feuer.

Daran sitzen fünf Riesen, die an einem gebratenen Ochsen herumkauen. Hans ist ein guter Schütze, und so schießt er aus lauter Übermut jedem Riesen den Brocken Fleisch vom Mund weg, den er gerade hineinschieben will. Die Riesen werden darüber recht zornig und suchen den Schützen. Der tritt aus dem Wald heraus, setzt sich zu ihnen und isst mit.

Den Riesen war der gute Schütze gerade recht. Sie wußten in der Nähe eine Prinzessin, die von einem kläffenden Hündchen bewacht wurde. Dieses sollte er erschießen und ihnen den Weg frei machen. Sie brachen also auf und geleiteten den Schützen an den unterirdischen Gang, den sie bis zum Schloss gelegt hatten, und ließen ihn vorausgehen, damit er das Hündchen am Ende des Gangs erlegen konnte. Das war nun auch bald geschehen, aber den Schützen stach die Neugier. Er wollte selbst die Prinzessin sehen.

Er geht durch die schlafende Wache hindurch in ihr Gemach und findet sie auf dem Ruhebett träumend. Sie ist unsagbar schön. An der Wand hängt ein riesiges Schwert, das er nicht führen kann. Daneben steht eine Flasche und auf ihr die Inschrift: ‚Wer aus mir trinkt, regiert das Schwert'. Der Jäger trinkt – und gleich kann er das Schwert führen. Er nimmt von den Pantoffeln der Prinzessin, die vor dem Bett stehen, einen mit, dazu die Hälfte eines Seidentuches und geht wieder zurück durch die schlafenden Wachen an die Mündung des Ganges. Er ruft die Riesen. Nacheinander strecken sie ihren Kopf durch die kleine Öffnung, doch da steht Hans und haut jedem den Kopf ab. Darauf schlüpft er durch den Gang in den Wald, lässt Tag und Nacht frei – es war bisher immer Nacht geblieben – und begibt sich nach Hause zu seiner Mutter. Das Schwert lässt er zurück.

Der Hauptmann der Wache findet am nächsten Morgen die Köpfe der Riesen und gibt sich als Befreier aus. Frech fordert er die versprochene Hand der Prinzessin. Doch diese ahnt Betrug, will ihren Pantoffel und das Halstuch haben und erbittet sich Bedenkzeit auf sieben Jahre.

Sie baut vor dem Wald eine Schänke auf mit der Inschrift: ‚Den Reichen ums Geld, den Armen umsonst'. Sie selber macht die Wirtin und hofft, so hinter den Betrug zu kommen.

Der Schütze aber konnte vor Armut nicht mehr zu Hause bleiben und zog mit der Mutter in der Fremde herum. Schon war die alte Frau zu schwach, um weiterzugehen, als sie an die Schänke kamen, die Inschrift lasen und einkehrten. Die Prinzessin, die von dem Sohn sogleich erkannt worden war, fragte ihn freundlich über sein Abenteuer aus. Da erkannte auch sie ihn, und er zeigte ihr glücklich Pantoffel und Halstuch als Beweis. Sie nahm ihn mit zu ihrem Vater, stellte ihn als den wahren Retter vor und erhielt die Erlaubnis, ihm ihre Hand zu reichen.

Neukirchen.
ZA 202 958

Nach altem Glauben ist die Sonne der Vater des Tages
und die Nacht die Mutter des Tages. In vielen Sprachen
definiert sich auch das Geschlecht der beiden so,
z.B. im Französischen: le soleil (wörtl. = der Sonne),
la nuit (= die Nacht).
Der Tag ist die Quelle der Lust und der Freude,
die Nacht steht für das Gegenteil.

DIE ALTE OHNE HÄNDE

(ORIGINALTITEL: ZWEI BRÜDER)

Ein König hatte zwei Söhne, die beide sehr schön waren und sich wie Zwillinge glichen. Der ältere Prinz wollte in die Welt ziehen. Zum Abschied gab er dem Jüngeren ein Fläschchen mit einer Flüssigkeit und sagte: „Wenn sich das Wasser trübt, bin ich krank. Wird es rot, bin ich tot."

So zieht also der Königssohn fort mit seinen treuen Begleitern, einem Löwen, einem Bären und einem Wolf. Nach langer Reise gelangen sie in eine Residenzstadt, in der eine Königin herrscht.

Der schöne Prinz erregt ihre Aufmerksamkeit und bald auch ihre Liebe, und wenig später ist Hochzeit. Sie leben sehr glücklich zusammen und lieben es, im Herbst zu einem herrlichen Lustschloss im Wald zu ziehen.

Eines Abends stehen sie am Fenster, da sehen sie hinter dem Wald die goldenen Zinnen einer Waldburg glänzen. Der König fragt seine Frau: „Welches Schloss ist das?" – „Es ist ein verwunschenes Schloss. Halte dich fern davon, denn jeder, der es betritt, kommt nicht mehr zurück."

Jetzt ist die Neugierde des Königs angestachelt. Er will dem Geheimnis auf den Grund gehen, schlägt die Warnungen seiner Frau in den Wind und reitet los. Die Königin aber trägt den Dienern auf, ihren Mann zu schützen, ihn nicht in die Nähe des Schlosses reiten zu lassen. Seine jugendliche Unbekümmertheit ist aber zu groß, er macht die Diener betrunken und schüttelt sie ab. Dann geht er allein zum Schloss, überquert die Zugbrücke, will einer armen alten Frau, die anscheinend keine Hände hat, ein Almosen geben. Die Alte aber bittet ihn, das Geldstück vor sie auf die Erde zu legen. Als er sich bückt, schlägt sie mit einer Rute nach ihm und seinen drei treuen Begleitern und verwandelt damit alle in große Steine.

Unterdessen sind die Diener erwacht. Sie suchen ihren Herrn überall, können ihn aber nicht finden. Bangen Herzens müssen sie zurück zur Königin und ihr berichten. Tag und Nacht weint sie um ihren Gemahl, lässt ihn erneut im ganzen Land suchen und versinkt in ihrer Trauer und in ihren schwarzen Schleiern.

Als der Bruder des Königs einmal nach dem Fläschchen schaut, findet er das Wasser rötlich. Voller Angst macht er sich auf den Weg und reitet von Stadt zu Stadt und von Land zu Land. Schließlich kommt er zur Residenz der trauernden Königin. Sie lässt ihn vorsprechen und dabei verfällt er der jugendlichen Königin in wahnsinniger Liebe. Aus ihren Erzählungen schließt er, dass ihr Mann sein Bruder sein müsse, und er fasst einen ungeheuerlichen Plan.

Er verschafft sich Kleider, genau wie sie sein Bruder getragen hatte, und die Diener erkennen ihn voller Freude als ihren verschollenen Herrn. Die Königin schlingt ihre Arme um den Totgeglaubten, sie küsst und kost ihn, und im Nu ist der ganze Kummer vergessen. Gleichwohl hütet der falsche König seine Zunge und weicht unliebsamen Fragen aus. Glücklich vereint leben sie zusammen, reisen im Herbst zum Lustschloss am Wald und genießen gemeinsam die Aussicht im Abendlicht. Da fragt der König, was denn das für ein Schloss sei, dessen Zinnen so golden glänzten. Die Königin wundert sich über diese Frage, die ihr Mann ja schon einmal gestellt hatte. Darauf zieht es der König vor, das Gespräch zu beenden. Doch er will die näheren Umstände wissen. Er erfährt von den Menschen, die nicht mehr zurückgekehrt sind.

Jetzt ist auch seine Neugier geweckt, er ruft zur Jagd, schüttelt die gewarnten Diener ab und geht allein auf das Schloss zu. Vor dem Tor erblickt er eine große Zahl von Steinfiguren, dahinter ein altes Weib, offenbar ohne Hände, das ihn um ein Almosen bittet.

Doch da zieht er sein Schwert und droht, die Alte zu erschlagen, wenn sie ihm nicht sage, wo sein Bruder hingekommen sei. „Das weiß ich doch nicht! Ach Herr, gebt mir doch etwas, legt es hier vor mich hin, ich kann nicht ...“ „Zeig deine Hände!“, herrscht er sie an. „Meine Hände ... sind so grausig ... bitte!“ Der Mann aber lässt sich nicht einschüchtern. Da wird die Alte zornig, zieht ihre Rute hervor und will ihn damit schlagen. Blitzschnell zieht er sein Schwert und schlägt es auf die Hand mit der Rute. Dann nimmt er die Rute an sich und droht der wimmernden und blutenden Frau, ihr den Kopf abzuschlagen, wenn sie ihm nicht alles wahrheitsgetreu berichte.

Jetzt wird sie gefügig, zieht noch eine zweite Rute unter ihrem Gewand hervor und rät ihm, mit dieser Rute die steinernen Figuren zu berühren. „Wenn du sie berührst, werden sie wieder das, was sie waren. Schau, da ist dein Bruder mit seinen Gefährten!“ Der falsche König berührt nun seinen Bruder und die Tiere, danach alle anderen Steinfiguren. Sie erwachen zum Leben, und auf einmal ist das ganze Schloss voll Jubel und Heiterkeit.

Doch dieses Glück währt nicht lange. Denn der echte König muss erfahren, dass sein Bruder ihn mit seiner Frau betrogen hat. Voll rasender Wut zieht er sein Schwert und stößt es seinem Bruder in den Leib.

Schnell war alle Freude vergangen und die erlösten Gäste verließen das Schloss. Nur der gerettete König zog traurig durch den Wald, dem Schloss zu, in dem seine geliebte Frau lebte.

Doch diese hatte ihr Schloss verlassen, voller Sehnsucht nach ihrem Gemahl, sie wollte ihn finden, hier in diesem Wald. So trafen sie aufeinander, fielen sich voll Liebe in die Arme und die Schatten des Betrugs wichen von ihnen.

Zudem erfuhren sie, dass der Bruder mit dem Leben davongekommen war, weil sein treues Hündchen die Wunde geleckt hatte, bis sie geheilt war. Er war in seine Heimat zurückgekehrt, ohne Groll, denn ohne die List der Hexe wäre das alles nicht geschehen.

So lebte das richtige Königspaar glücklich in Ruhe und Frieden. Und wenn sie nicht gestorben sind, dann leben sie noch heute.

Ohne Ort.
ZA 202 962

Die Hand gilt als Symbol der Macht, der Rechtsprechung, des Vertragsschlusses. Sie wirkt heilend oder segnend, z.B. durch Handauflegen, und steht dazu beim Händefalten oder bei der Übergabe von geistigen Gütern für Religion und Frömmigkeit.

Ein alter Rechtsbrauch war die Bestrafung von Übeltätern durch Abschlagen ihrer Hände. So ist anzunehmen, dass die Hexe in obiger Geschichte wegen früherer Vergehen verstümmelt worden ist. Im zauberischen Bereich gibt es auch die Rücknahme dieser harten Strafe durch einen verkehrt herum geführten Schwertstreich wie in „Ein Riese lügt nie“.

GEISTERHAFTE KATZEN

DER KODL SPIELT AUF

Der alte Binder von Schwanhof hatte eine brennfeuerrote Katze. Diese war, so sagten die Leute, dem Teufel zu schlecht. Einmal ging der Binder aus und schärfte dem Kodl ein, ja nicht aus dem Hause zu gehen. Der blinzelte mit den Augen und legte sich auf die Ofenbank.

Es wird Abend, und der Mann geht wieder heim. Auf dem Wege vernimmt er am Waldsaum Musik. Und als er näher kommt, sitzt ein Kodl auf einer Zaunstange am Weg, hat den Schwanz in der Goschen und bläst darauf wie auf einem Dudelsack lustige Weisen, nach denen Katzen um ihn her paarweise wie Männlein und Weiblein vergnügt tanzen. Der alte Binder tut, als sehe und höre er nichts. Doch anderen Tages sagt er zu seinem Kodl, der wieder auf der Ofenbank sitzt: „Bist mir ein sauberer Bursche, hab dich schon gesehen!"

Augenblicklich war der Kater zum Fenster hinaus und ließ sich nicht mehr sehen.

Ohne Ort.
Winkler 25

DIE TRAUERBOTSCHAFT

In einer wilden Waldgegend hatte der Bauer auf seinem einsamen Hofe einen alten großen Kater, wolfgestromt und böse wie der Teufel.

Einmal fuhr der Knecht weit ins Holz bis aufs Land, da wo kein Dorf, aber mehrere Häuser standen, und musste im Wirtshause übernachten.

Wie er schon auf der Streu schläft, weckt ihn lästerliches Katzengeschrei. Er schaut auf und sieht zwölf schwarze Katzen Ringa-Reiha tanzen. Er lacht darüber. Da geht eine Katze auf den Hinterfüßen zu ihm heran und spricht ihn an: „Wenn du heimkommst, so grüß den Kater und melde ihm, der Wanna sei gestorben!" Darauf setzen sie ihren Tanz vergnügt bis weit nach Mitternacht fort.

Als der Knecht heimkommt, liegt der Kodl auf der Ofenbank; denn draußen war es kalt. Der Knecht ruft ihn lachend an: „Kodl, steh auf, der Wanna ist gestorben!"

Da sprang der Kater wie besessen auf und heulend durch das Fenster, dass die Scherben davon flogen.

Ohne Ort.
Winkler 40

Tieren muss man melden, wenn ihr Herr gestorben ist: den Bienen, den Pferden, den Ochsen im Stall, den Katzen. Sonst müssen sie sich auf den Weg machen und ihm folgen.

DIE VERHEXTE WURST

Ein Schmied ging nachts heim. Es war sehr dunkel und im Walde wurde es noch finsterer; da hörte er Miauen wie von Katzen. Er machte ihnen ihr Geschrei nach. Sogleich sprang ihn ein großer Kater an. Der Bursche aber war erschrocken und warf ihm eine Wurst aus seinem Sack hin mit den Worten: „Recht, Kodl, ich habe dir etwas mitgebracht." Die Katze machte feurige Augen und lief dann mit der Wurst im Maul waldeinwärts.

Nun hörte der Bursche lieblich singen, konnte aber nicht weiter, bis der Mond aufging.

Zu seinen Füßen lag seine Wurst, und als er sie aufhob, war sie schwer wie Blei. Er zerbrach sie und es fielen Taler heraus.

Ohne Ort.
Winkler 40

Die Katze ist das Tier der nordischen Göttin der Liebe und des Todes Freya. Im Christentum gilt sie als unheimlich, dämonisch, taucht auch als Attribut der Hexen auf. Katzen gelten als wetterfühlig, legen sich mit Vorliebe auf Plätze mit störenden Erdstrahlen, lieben Tanz und Gesang in der Nacht, sind streit-, ja sogar mordlustig.

DAS OFERL

In einem Bauerndorf lebte ein Pfarrer mit seiner Mutter, die alle „das Oferl“ nannten, und einer Köchin. Neben dem Pfarrhaus wohnte eine Lehrerfamilie mit sehr vielen Kindern, denen es ständig an allem Notwendigen fehlte.

Einmal hört der Lehrer aus dem Pfarrhof ein Schwein schreien. „Oh“, denkt sich der Lehrer, „der Pfarrer schlachtet! Vielleicht ist auch für mich ein Stück Fleisch dabei, und wenn ich es stehlen muss!“

Unter einem Vorwand besucht er den Pfarrer und er bleibt so lange, bis Pfarrer und Oferl ins Bett gegangen sind. Ohne schlechtes Gewissen holt er sich das ganze Schweinefleisch aus der Selchkammer und trägt es heim. Am Morgen schaut die Köchin nach dem Fleisch, ob es nicht zu sehr tropft, doch das ganze schöne Fleisch ist verschwunden! Sie rennt zum Pfarrer und zum Oferl und berichtet. „Wer hat das getan?“ – „Es war niemand da“, sagt die Köchin, „außer dem Lehrer, der muss es wohl gewesen sein.“ – „Das glaube ich nicht!“, sagt der Pfarrer, „Der Lehrer ist ein braver Mann.“ Aber die Köchin lässt nicht nach. „Wir müssen im Schulhaus suchen. Aber wie?“

Da meldet sich das schlaue Oferl mit einem Plan: „Wir sagen dem Lehrer, dass das Fleisch gestohlen worden ist. Und weil wir Angst haben, dass der Dieb noch einmal kommt, wenn du ein paar Tage verreist bist, möchtest du deine wertvollen Sachen lieber zum Lehrer tragen, bis du wieder da bist.“ Ungläubig schauen der Pfarrer und die Köchin auf das Oferl, das von ihrem Plan schon ganz erhitzt ist. „Und wie geht es weiter?“ – „Du steckst mich in eine große Truhe, gibst mir noch ein Stück

Brot dazu und trägst mich als Schatz in die Stube des Lehrers, damit ich auch hören kann, was sie reden, wenn sie essen. Am Abend holst du die Truhe wieder ab und sagst, dir wäre was dazwischengekommen und du wärest da geblieben."

Dem Pfarrer gefällt der schlaue Plan, er holt eine passende Truhe, packt seine Mutter hinein und zwei Pfund Brot dazu, bringt alles zum Lehrer und bittet ihn scheinheilig, seine wertvollen Sachen so lange zu bewahren, bis er von seiner Reise zurück sei. „Ja freilich", sagt der Lehrer und hilft die Truhe hinein zu tragen. „Wir stellen sie in die Stube, damit ja nichts passiert."

Es ist Mittag, als sich die ganze Lehrerfamilie um den Tisch versammelt hat. Da hört das Oferl in der Truhe drin die Kinder schreien: „Mir auch ein Stück, Vater, mir auch ein Pfarrerfleisch!" – Da kann sich das Oferl nicht mehr zurückhalten. „Du bist der Fleischdieb! Jetzt weiß ich es, du kommst ins Gefängnis, das sag ich dir!" – Der Lehrer und seine ganze Familie erschrecken furchtbar, sie brechen die Kiste auf und entdecken das Pfarrer-Oferl. Damit sie zu schreien aufhört, stopfen sie ihr einen Brocken Brot in den Mund, dann ein Bett in die Lade und dann schlagen sie den Deckel wieder zu.

Am Abend will der scheinheilige Pfarrer seine „Wertsachen" wieder holen, der Lehrer hilft, die Kiste wieder zurückzubringen. Doch als der Pfarrer zu Hause den Deckel öffnet, um seine Mutter wieder herauszulassen, war die Arme schon erstickt.

„Jetzt hat uns Gott gestraft!", stöhnt der Pfarrer. „Weil wir den armen Lehrer verdächtigt haben! Was machen wir bloß? Am Ende glauben die Leute, wir hätten sie umgebracht, damit wir an ihr Geld kommen! Was machen wir bloß, was machen wir bloß?" – „Wir müssen sie aus dem Weg räumen!", sagt da die Köchin und geht zur Tür hinaus. Gleichzeitig kommt der Lehrer zur Tür herein. Der Pfarrer beichtet ihm alles, wie es war, und bittet ihn inständig, die Leiche zu verräumen, er bekomme auch 200 Taler dafür.

Der Lehrer lässt sich nicht lange bitten, nimmt Geld, Leiche und einen Bierkrug und trägt alles zum Wirtshaus. Weil die Tür zu ist, lehnt er das tote Oferl mit dem Bierkrug am Arm an den Rahmen und versteckt sich. Als die Kellnerin herauskommt und das Oferl, das wohl wie jeden Abend Bier holen will, sieht, nimmt sie den Krug und rennt zur Schänke, um ihn mit Bier zu füllen. Dabei ist ihr aber die Tote die Staffeln hinunter auf die Straße gefallen.

Als die Kellnerin mit dem Bier wieder herauskommt und die leblose Person auf der Straße sieht, meint sie, sie wäre schuld, holt den Wirt und beichtet ihm alles. „Geh gleich zum Lehrer, er soll kommen und uns aus der Not helfen, sonst kommen wir alle zwei ins Zuchthaus. Sag ihm, ich gebe ihm 300 Taler, wenn er uns hilft.“ Der Lehrer nimmt natürlich die 300 Taler und sagt: „Seid nur still und sagt keinem was, ich werde das schon richten.“

Er weiß einen recht groben Bauern, dem vor Kurzem vom Acker Kraut gestohlen worden war. Zu diesem Acker trägt er das Oferl und stellt es recht bucklig neben einen Korb. Am frühen Morgen schaut der Bauer auf seinen Acker und sieht eine gebückte Gestalt darin. Mit einem dicken Prügel schlägt er von hinten auf sie ein, dass sie umfällt, dann schaut er genauer und erkennt das tote Pfarrer-Oferl, das ihm ja niemals im Leben etwas gestohlen hätte. „Was fang ich jetzt an? – Wenn das rauskommt ...!“

Zufällig kommt der Lehrer vorbei, und in seiner großen Not verspricht ihm der Bauer 100 Taler, wenn er das Oferl vom Feld räumt. Der Lehrer nimmt die 100 Taler, holt die Leiche vom Feld, steckt sie in einen Sack und geht damit in den Wald. Da begegnen ihm – natürlich wieder rein zufällig – drei Brüder, Räuber, die gerade von einem Raub gekommen sind. Jeder hat einen Sack geselchtes Fleisch dabei. Der Lehrer, der sich versteckt hat, springt auf sie zu und schreit: „Halt, ihr Spitzbuben!" Sie erschrecken so, dass sie ihre Säcke fallen lassen und die Flucht ergreifen. Jetzt tauscht der Lehrer einen Fleischsack gegen seinen Sack mit dem Oferl aus und geht mit seiner Beute nach Hause. Wie haben sich seine Kinder gefreut, als er mit einem Sack voll Geräuchertem und 600 Talern heimgekommen ist!

Nach ihrem Schrecken wollten die Räuber ihre Beute wieder holen. Sie nahmen die drei Säcke und trugen sie heim. Ihre Mutter freute sich natürlich über das reichliche Abendessen und leerte gleich zwei Säcke aus. In den Dritten griff sie hinein, erwischte aber nur etwas Haariges und sagte: „Habt ihr noch einen Sack Flachs mitgebracht?" – „Nein", sagten sie, „das ist lauter geselchtes Fleisch." Als sie aber den Sack ausleerten, fiel zu ihrem größten Schrecken eine tote Frau heraus. Ganz schnell wurde diese verscharrt, damit ja nichts herauskommt, dann aßen sie ihr Geräuchertes mit großem Appetit.

Neukirchen.
203 048

Das alte Gesetz der Naturalbezahlung für Lehrer
hat noch bis in die 60er Jahre des 20. Jahrhunderts gewirkt.
Die Bauern brachten einen Teil des von ihnen
Erwirtschafteten dem sonst nicht üppig bezahlten,
aber dafür recht hoch angesehenen Dorflehrer:
Fleisch, Würste, Kirchweihnudeln, ein Huhn usw.

Märchentypus: Die mehrfach getötete Leiche
Märchen desselben Typus: „Der geprellte Mann"

DER BEINERNE SCHATZ

Ein Bauer hatte zwei Söhne. Am Ende seines Lebens vererbte er dem Älteren den ganzen Hof, der Jüngere ging leer aus. Daraus entstand ein tiefer Unfrieden zwischen den beiden ungleichen Brüdern: der Ältere reich, grob und geizig, der Jüngere weich von Gemüt; und er musste die Büffellaunen des Bruders ertragen. Niemand wusste, warum der eine, so faul und träge er war, immer reicher, dagegen der andere, sparsam und fleißig früh und spät, schier immer notiger wurde. Darüber riss die Kluft der Zwietracht zwischen ihnen stets größer und weiter, so dass der Jüngere sann und spintisierte, wie er dem anderen etwas antun könnte.

Einmal gehen sie über Land und kommen zu einem Steg, der über einen tiefen Bach geschlagen war; als sie darauf in der Mitte sind, kommt den Älteren ein Schwindel an, denn er war eben auch nicht nüchtern, und er fällt vom Steg hinab ins Wasser. Der Jüngere besinnt sich, was zu tun sei. Denn wenn der andere im Bach ersaufen würde, fiele ihm das ganze Hab und Gut zu und alle Armut und Sorge hätte ein Ende. Andererseits könnten ihm die Leute nachsagen, dass er seinen Bruder absichtlich und heimtückisch ins Wasser geworfen habe.

So gedenkt er seiner Christenpflicht, springt in den Bach und fischt den Halbertrunkenen heraus. Als dieser nach einer Weile wieder zu sich kommt und sich beide im Gras im warmen Sonnenschein getrocknet haben, spricht der Gerettete: „Geben kann ich dir nichts dafür, dass du mir das Leben gerettet hast, ich habe selber nichts übrig; denn bei uns heißt es: ‚Was der Pflug gewinnt, das frisst das Gesind‘. Aber einen Platz will ich dir sagen, wo ein Schatz vergraben liegt, den kannst du dir holen." Der jüngere Bruder merkt bald, dass er ihn nur foppen und mit leerem Dunst abfinden will, denn wenn er einen Schatz gewusst hätte, wäre er habsüchtig genug gewesen, sich denselben selbst zu holen.

In den Zeiten der Raunächte, wo man auf Kreuzwege geht und nach Schätzen gräbt, macht sich der Jüngere aber doch auf zu einem öden Anger, den ihm sein Bruder bezeichnet hatte, und fängt an, ein Loch in den Boden zu schlagen. Er findet aber für alle seine Mühe und Arbeit nichts, was einem Schatz ähnlich war. Also wirft er Pickel und Schaufel ins Loch und geht davon.

Kaum ist er einige Schritte gegangen, da stolpert er über etwas, das klappert und rasselt wie dürres Zaunholz, und als er sich's näher besieht, ist das ein nacktes Rossgerippe, das die Füchse und Hunde schon skelettiert hatten.

„Ei", denkt er, „ein Spott ist des anderen wert." Und schnell fasst er das Gerippe an einem Strick, den er bei sich hat, um den Schatz daran zu binden, und trägt das Gebein mit nach Hause. Sein Bruder ist gerade nicht zu Hause, so hat er Zeit, ihm das Pferdeaas unter die Bettdecke zu stecken. Er will ihm Gleiches mit Gleichem vergelten.

Kaum war es Tag geworden, weckt er seinen Bruder auf. „Ha", sagt der, „du kommst gewiss, weil du einen rechten Schatz gehoben hast." – „Jawohl. Groß und schwer war er genug. Weil ich ihn aber nicht so handhaben kann wie du, habe ich ihn dir ins Bett gesteckt. Schau mal nach, ob er dir gefällt."

Verwundert reibt sich der Bruder die geschwollenen Augen, greift um sich, springt wie behext auf und schreit: „Merke dir, wer einen anderen beneidet und verspotten will, muss nicht so

dumm sein, sein eigenes Haus einzureißen, damit er auf jenen Steine werfen kann."

Er reißt die Bettdecke weg und deutet auf das Rossgerippe. Aber da zeigt sich, dass es schwer und von purem Gold war.

Da gingen dem Schatzgräber die Augen auf und er meinte, dass ihm wenigstens doch ein Ripplein von dem goldenen Gaul gebühre; aber sein Bruder entgegnete: „Du hättest das Ganze behalten können. Ich mache es jetzt wie jener Bauer: Als ihm ein fremder Esel einen Sack voll Korn, das er heimtragen sollte, ins Haus brachte, nahm er den Sack samt dem Esel, zog ihn in den Stall und gab ihm Häcksel und Disteln."

Neuenhammer.
ZA 203 081

Märchentypus:
Der getäuschte Schatzsucher – ein Mensch
erhält den Hinweis auf einen Schatz; die Suche lässt zunächst eine
scheinbar böse Täuschung vermuten, bevor sich der Schatz zum
Schaden des Suchers doch als
erstrebenswert erweist.

DER ROTE ZWERG

Eine Witwe hatte einen Sohn, den sie gar nicht liebte. Die beiden waren aber auch zu unterschiedlich: sie garstig wie die Nacht, er hell und klar und blühend wie der Tag.

Sie gingen gemeinsam in den Wald, die Mutter suchte Wurzeln, der Sohn sollte Holz heimtragen. Dabei lud sie ihm so viel auf seinen Rücken, dass er wankte und auf einen glatt behauenen, moosbewachsenen Stein fiel. Benommen lag der Junge da und konnte nicht aufstehen.

Die Mutter aber will, dass er den Stein wegrückt, will den Sohn wachschreien, er aber kann oder will sich nicht bewegen. Voller Wut schlägt sie ihn mit einem schweren Stock so lange, bis er, von Zorn und Schmerz stark geworden, den Stein mit solcher Macht aus den Angeln hebt, dass der zerbricht. Da fällt ein Schwert aus dem zersprungenen Stein. Der Junge hebt es auf, sieht, dass es wertvoll ist und steckt es in seinen Gürtel.

Vor ihnen liegt jetzt ein Kellerloch offen, eine Stiege wird sichtbar, und die Alte will für ihr Leben gerne hineinkriechen. Doch da fürchtet sie sich vor ihrem Sohn, der groß und mächtig vor ihr steht wie ein König. Mit schönen Worten macht sie ihn weich, so dass beide letztlich in den Keller hinabsteigen.

Sie kommen in einen Garten, zu einem Teich, mitten drin ein Schloss mit kristallener Brücke. Prächtig ist es da drin, Edelsteine glitzern von den Wänden, in goldenen Schüsseln dampfen erlesene Speisen. Am Tisch sitzt ein Zwerg, ein rotes, dickes Männlein mit einem Kopf wie ein Zwiebelturm, genauso hässlich wie die Alte. Die beiden verstehen sich gut, wenn auch der Sohn stört. Doch sie können ihm nichts anhaben, weil das

Schwert, das wie eine eingebissene Schlange an seiner Seite hängt, bei jedem bösen Blick zu zucken anfängt.

Da wird die Alte augenblicklich krank oder sie tut nur so. Sie lamentiert schrecklich, dass sie sterben müsse, wenn sie nicht Bärenmilch bekäme. Der Junge solle sie holen. Der erkennt die Falle nicht, geht in den Wald und kommt zu einer Bärin, die gerade ihr Junges stillt. Jetzt ist die Zeit, das schöne Schwert zu prüfen. Mit einem einzigen Streich fällt er damit einen großen Baum und im Fallen erschlägt der die Bärin. In einen Schlauch schöpft er Bärenmilch und macht sich auf den Heimweg. Das Bärenjunge aber folgt ihm wie ein zahmer Hund auf dem Fuß. Von der Bärenmilch wird die Alte gleich gesund, doch den Zwerg stören der Gestank und das Getrampel des neuen Gesellen so, dass er ihn unentwegt ärgert. Darauf versetzt ihm der Braune so einen Schlag, dass dem Zwerg die Haare vom Kopf fliegen. Frieden zwischen den beiden hat das aber nicht gebracht.

Da wird die Alte plötzlich wieder krank. Diesmal braucht sie rote Äpfel aus dem Riesengarten zum Gesundwerden. Der Junge wird wieder weggeschickt, aber der hat jetzt die Hinterlist der beiden Alten erkannt und weigert sich, weil er kein ordentliches Gewand habe. Da schleudert ihm der rote Zwerg einen Mantel aus lauter Igelhäuten vor die Füße und der Junge geht, treu an seiner Seite der junge Bär.

Sie kommen zum Riesenschloss hoch oben am Berg, umgeben von einem Mauerring ohne Tor und Leiter. Es ist unmöglich, dort hinein zu kommen. Doch der Bär schlägt seine Krallen in die Mauer und zieht seinen Herrn hinter sich bis zum Mauerring. Jetzt sitzt er oben auf der breiten Mauer und sieht Riesen unter einem Apfelbaum sitzen und Äpfel essen. Wie hinauf, so hinunter geht die Bärenreiterei, und wie die Riesen den ungeheuren Igel auf dem Bären entdecken, nehmen sie schnell Reißaus und verschwinden wie die Mäuse.

In dem Garten steht also der himmellange Apfelbaum und daneben ein Schloss mit spiegelhellen, hohen Fenstern. Der Igelmann will die Äpfel pflücken, aber der Stamm ist glatt und eisig. Jetzt kommt ihm die Igelhaut sehr gelegen. Er klettert so kunstgerecht und sicher wie sein Bär und schließlich sitzt er ganz oben auf dem Baum, pflückt Äpfel nach Belieben und sieht so nebenbei in ein Fenster. Ein Sonnenstrahl erlaubt ihm den Blick auf ein missgestaltetes Wesen auf grünem Samt, verhüllt mit Decken und Ketten, ein Tuch hängt herab und vom Kopf fließt eine Welle goldig brauner Haare.

Vom Baum ist er schnell herunten, aber er findet keinen Eingang. Nur ein Stein liegt da, fein und glatt behauen wie eine Tafel. „Der sieht so aus wie der Stein im Wald!“ Er hebt den Stein auf und schon ist er in der Eingangshöhle von einem Schloss, viel schöner noch als das der Zwerge. Er kommt in das Gemach mit dem grünen Bett, sieht eine löwenähnliche Gestalt mit langer Mähne und einem Panzerhemd, gebunden und gefesselt. „Nur gut, dass ich mich auf drei Dinge verlassen kann, meinen Bären, die Igelhaut und mein Schwert!“ Vorsichtig zieht er die Decken weg und entdeckt eine Frauengestalt, unvergleichlich schön.

Das Mädchen erwachte, sah den Bären und den Igel und wurde totenbleich vor Angst. Als sie aber den schönen jungen Mann kniend vor sich sah, schlang sie ihre Arme um seinen Hals und dankte ihm für die Erlösung aus einem bösen Zauber. „Bleibe bei mir!“, bettelte sie, aber er wollte vorher noch seiner Mutter die roten Äpfel bringen. So ging er fort.

Die Mutter aber war immer noch nicht zufrieden mit den Äpfeln, sie wollte auch das dritte Geschenk noch haben: die weiße Teichgrundel (ein kleiner Fisch), die sie wieder jung und schön machen würde und den Sohn zum Fürsten über Land und Leute.

Die Liebe zu dem schönen Mädchen macht den Sohn unvorsichtig. Er läuft jubelnd zum Teich, streift Kleider und Schwert ab und taucht unter. Doch kein einziges Fischlein ist zu sehen und er muss halb ohnmächtig und halb erstickt wieder auftauchen. Doch da lauert auch schon der böse Zwerg und sticht ihm mit einem feinen Stachel beide Augen aus. So hat der listige Zwerg dem Jungen alles genommen. Nur der Bär ist noch bei ihm und leckt Blut und Tränen von ihm ab. Er setzt ihn rittlings auf seinen Rücken und trägt ihn zum Riesenschloss.

Dort ist alles verwandelt: Blumen, Gärten und Gesang überall, und die Blumen heilen dem Jungen zwar die Augen, doch das Licht ist dahin. Die Prinzessin führt und geleitet ihn überall hin durch Feld und Flur. Da sieht sie ein Mäuslein, das zickzack seinen Weg sucht, offenbar blind ist. Es erreicht die Wiesenquelle und badet darin. Voll Freude springt es heraus und geradewegs davon. Die Prinzessin erkennt das Zeichen, nimmt ihren Liebsten an der Hand und führt ihn zur Quelle, benetzt seine Augen mit dem Wasser und sogleich sind sie wieder hell und klar.

Doch ohne sein Schwert will er nicht leben. Als Bettler kehrt er noch einmal in das Schloss des roten Zwerges zurück, lenkt seine Mutter ab, dringt in das Gemach des bösen Zwerges ein, der mit dem Schwert an der Seite eingeschlafen war. Der Junge nimmt das Schwert an sich und erschlägt den Bösewicht. Davon erbebt das ganze Schloss. Kaum hat sich der Junge ins Freie gerettet, zerbirst das alte Gemäuer und versinkt in der Tiefe.

Seine Braut aber holte ihn mit Pferden und Wagen ab und führte ihn in ihr Königreich, wo sie lange noch ein glückliches Leben führten.

Neuenhammer.
ZA 202 122

DIE VERWÜNSCHTE SPINNERIN

Noaderl, Nachteule, war der Spitzname eines schönen, aber armen Mädchens. Es konnte so fein spinnen wie keine und verbrachte viele Nachtstunden am Spinnrocken. „Du darfst nicht so lang spinnen, vor allem nicht in die Samstagnacht hinein!", warnte die Mutter. „Sonst kommt einmal ein Ungetüm, um dich zu strafen!"

Doch die Tochter hört nicht auf die Mutter, denn sie hat einen Schatz, den sie heiraten will, und weil er genauso arm ist wie sie, spinnt sie unablässig, immerzu, bis sie rote Augen bekommt. Und sie singt dazu, damit sie nicht einschläft, bis sie heiser ist.

Doch mit roten Augen und einer heiseren Stimme mag sie ihr Liebster nicht mehr. Statt seiner kommt in einer Samstagnacht ein Ungetüm zu ihr in die Kammer, wirft ihr 100 Spindeln hin und faucht sie an: „Die spinnst du heute Nacht noch, sonst ist dein letztes Stündlein gekommen!"

Nachdem das Ungeheuer verschwunden ist, greift das Noaderl furchtsam nach den Spindeln, schleudert sie aber voller Schrecken weit von sich: „Hu, hu, meine Hand tut so weh!" Tatsächlich fühlen sich die Spindeln an wie glühendes Eisen. Sie zünden das Haus an, das augenblicklich in Feuer aufgeht und alles verbrennt, bloß das Mädchen nicht.

Da kam ein guter Geist, erbarmte sich ihrer und legte ihr ein weiches Federkleid um. So wurde das Noaderl zur wirklichen Nachteule, die um die Wälder kreist und Hu-hu schreit.

Neuenhammer.
Winkler 179

Junge Mägde hatten neben ihrer täglichen Arbeit oft keine Zeit, ihre Aussteuer anzufertigen. Man warnte sie aber, ja nicht nachts, bei Mondlicht, besonders an Samstagen oder heiligen Feiertagen zu spinnen, sonst käme ein böses Ungeheuer oder gar der Teufel selbst, um sie zu holen.

DER HAHN AUF DEM SEIL

In Tirschenreuth machte ein Seiltänzer recht große Kunststücke. Die Leute standen herum und gafften. Er war aber ein Schwarzkünstler.

Da geht eine Magd mit einem Korb voll Gras vorbei und hat, ohne es zu wissen, ein Blatt vierblättrigen Klee darunter. Sie sieht die neugierigen Leute und ruft: „Ei, was schaut ihr denn so, ihr dummen Leute? Da auf dem Seil geht doch bloß ein Hahn herum und hat einen Strohhalm im Schnabel." Darüber ärgert sich der Seiltänzer natürlich und er will sich rächen. „Die Leute sollen meinen, dass du im Wasser watest!", ruft er von oben herunter. Kaum hat er dies gesagt, ist ihr, als ob sie durch Wasser waten müsste. Sie hebt ihre Röcke auf, immer höher, und wird so zum Gespött der Zuschauer.

Das war auch ein Blendwerk des Seiltänzers.

Tirschenreuth.
ZA 202 702

Wenn einer, ohne zu suchen, vierblättrigen Klee findet und ihn einsteckt, kann er alle Hexen und Gespenster sehen.

Der Begriff „Schwarzkünstler" geht auf die Zeit Gutenbergs, des Erfinders des modernen Buchdrucks, zurück und bezeichnet die Nachkommen seiner Zunft; abgeleitet von dem Einschwärzen der Druckformen mit schwarzer Farbe. Als Schwarzkünstler wird aber auch ein Magier betitelt, der sich der dunklen Seite der Zauberei verschrieben hat, der seine Kräfte wahrscheinlich sogar einem Bund mit dem Teufel zu verdanken hat.

EIN KÖNIGREICH FÜR FEIGEN

(ORIGINALTITEL: EIN HIRT WIRD KÖNIG)

Eine Prinzessin war krank. Nur frische Feigen könnten ihr helfen, so hieß es. Doch in dem Land gab es keine Feigen. Der verzweifelte König aber wollte um alles in der Welt Feigen für seine Tochter haben, deshalb ließ er seinen Wunsch überall ausrufen. Allein er konnte keine Feigen auftreiben. Dies hörte ein Bauer. Der hatte einen Feigenbaum und schickte seinen ältesten Sohn in die Residenz.

Der Junge geht durch einen tiefen Wald, da kommt ein Männlein daher und fragt ihn: „Was hast du denn dabei?" – „Ich habe dich auch nicht gefragt. Hundsfotzen (Hundekot) hab ich!", ist die unfreundliche Antwort.

Der Bauerssohn kommt in die Residenz und will dem König seine Feigen zeigen, doch da waren wirklich nur Hundsfotzen in seinem Ranzen. Mit Spott und Hohn wird er aus dem Schloss vertrieben. Daheim sagt er kein Wort von seinem Erlebnis.

Der Bauer schickt nun den Mittleren auf die Reise mit Feigen im Gepäck. Auch ihm begegnet das Männlein. Es fragt ihn dieselbe Frage und bekommt die Antwort: „Ich habe dich auch nicht gefragt. Pferdeäpfel hab ich!" Vor dem König hat auch er nichts als stinkende Pferdeäpfel und es ergeht ihm wie seinem Bruder: Mit Hohn und Spott wird er ausgepeitscht und davongejagt. Er sagt zu Hause nichts.

Da macht sich der Jüngste auf. Im Wald begegnet ihm auch das Männlein und fragt wieder: „Was hast du denn in deinem Ranzen?" – „Ich habe Feigen", ist die ehrliche Antwort. Der

Junge geht weiter und kommt zu einem Ameisenhaufen. Er wirft ihnen ein paar Brosamen zu und sagt: „Ihr kleinen Tierlein werdet bestimmt Hunger haben." Der Ameisenkönig hat es gesehen und sagt: „Weil du meine Untertanen gespeist hast, sollst du einmal kommen, wenn du ein Anliegen hast."

Der Jüngste geht weiter und kommt zum Teufel und zum Tod, die gerade erbittert miteinander raufen. Er nimmt einen Prügel und haut so kräftig drein, dass sie voneinander lassen. Dankbar sagen sie: „Wir raufen jetzt schon so lang und niemand hat uns auseinander getrieben. Wenn du einmal ein Anliegen hast, wir werden dir helfen."

Auf seiner weiteren Wanderschaft kommt er zu einem Teich. Draußen auf dem Sand zappelt ein Weißfischlein und kann sich nicht mehr helfen. Er nimmt es und wirft es ins Wasser. Das Fischlein aber spricht: „Wenn du in Not kommst, so will ich dir helfen."

Als er in die Residenz kommt, gibt er dem König die Feigen. Dafür sollte er die Prinzessin zur Frau bekommen. Die aber will ihn nicht, weil er ja nur ein Bauerssohn und Hirt ist. Sie ersinnt eine List. Auf einem gemeinsamen Spazierweg wirft sie ihren kostbaren Ring unbemerkt in einen tiefen Teich. Der Jammer ist groß und der Hirt soll helfen. „Diese Aufgabe ist zu schwer für mich. Ich gehe lieber fort." Derweilen aber schwimmt das kleine Weißfischlein herbei und hat den Ring im Maul.

Die Prinzessin ist in großer Verlegenheit. Doch da fällt ihr eine andere Aufgabe ein: Der Hirt soll einen großen Haufen Getreide ausklauben, sonst wird sie ihn nicht heiraten. Diesmal kommen die Ameisen zu Hilfe. Kohlschwarz krabbeln sie in unzähliger Menge durchs Dach der Residenz und im Nu haben sie das Getreide gesäubert.

Die Prinzessin will aber immer noch nicht nachgeben. „Ich heirate dich erst, wenn du mir die schönste Blume aus dem Himmel holst!“ Der ungeliebte Bräutigam verzweifelt schier und will fliehen, da sieht er Tod und Teufel schon wieder miteinander raufen. Wieder treibt er sie auseinander. Dankbar verspricht ihm der Tod, ihm die schönste Blume aus dem Himmel zu holen. Das macht er auch, aber er sagt: „Gib die Blume nicht aus deiner Hand. Wenn die Prinzessin sie sieht, musst du sie mir zurückgeben!"

Noch eine Aufgabe erfindet die Prinzessin: Er soll den größten Brand aus der Hölle holen. Verzweifelt gibt der Junge dem Tod die Blume wieder zurück und will heimgehen. „Kann ich dir einen Dienst erweisen?", fragt da der Teufel. „Ja, du sollst den größten Brand aus der Hölle holen!" Kurze Zeit später kommt der Teufel aus der Hölle zurück und hat einen brennenden Balken auf der Schulter. Vorne und hinten zischt das Feuer heraus. Der Hirt nimmt den Balken und trägt ihn zur Residenz, um sie anzuzünden. „Hilfe, der zündet das Schloss an!", schreien alle durcheinander.

Da hörte der junge Mann die Stimme der Prinzessin: „Trag ihn wieder fort, ich nehme dich schon." So wurde der Hirt König.

Ohne Ort.
ZA 202 243

Der Feigenbaum war schon seit dem 3. Jahrtausend v. Chr.
ein Symbol der Sinnlichkeit. Im Altgriechischen wurden
„Feige" und „Vulva" durch dasselbe Wort bezeichnet; später ergab
sich auch eine Verbindung von „Feige" und „Herz".
Die christliche Lehre wollte keine lebenslustigen Untertanen,
die sich körperlich am Diesseits erfreuten,
und verteufelte die Sexualität.
So blieb das Symbol zwar erhalten,
wurde aber negativ konnotiert.

DAS ORAKEL

Drei Schwestern wollten in der heiligen Christnacht ihre zukünftigen Männer sehen.

Während die anderen in der Christmette beten, gehen sie zum Teich. Die erste schlägt ein großes Loch ins dicke Eis. Da schaut einer heraus, der hat eine Kanne aus Zinn in der Hand. Im selben Jahr bekam sie einen Wirt zum Mann.

Die zweite schüttelt einen Zaun und sagt dazu: „Zaun! Zaun! Ich schüttle dich. Heiliger Andreas, ich bitte dich. Lass mir erschein' den Herzallerliebsten mein." Von unten schreit eine Stimme herauf: „Ich bin schon da und spieß dich!" Sie will vor Furcht und Schrecken vom Zaun hinunterspringen, dabei spießt sie sich wirklich auf und bleibt tot auf dem Platz liegen.

Die dritte muss nachts um zwölf Uhr die Stube auskehren. Sie schaut unter den Tisch und sieht einen sitzen mit Jägerhut und grünem Rock. Sie hat auch einen Pferdefuß gesehen. Sie wirft den Kehrbesen weg, läuft zur Tür hinaus und klettert auf einen Straßenbaum.

Sie wurde drei Tage gesucht. Endlich fand man sie auf dem Straßenbaum ganz verwirrt und närrisch. Sie blieb ein Narr ihr Leben lang.

Ohne Ort.
Winkler 113

In den langen Nächten der Vorweihnachtszeit und besonders in den Rauh- oder Losnächten befragten heiratslustige Mädchen den Hl. Andreas (30.11.) oder den Hl. Thomas (21.12.) in sogenannten Liebesorakeln über ihre Zukunft.

Sie wollten sich den „Herzallerliebsten"
erscheinen lassen. Dazu gab es z.B. den Spruch:
„Bettbrett, i tritt di – Hl. Andreas, i bitt di,
lass mir erschein' den Mein'!"

DAS MÄDCHEN OHNE HÄNDE

(ORIGINALTITEL: DIE STIEFMUTTER)

Ein frommes Kind hatte eine gar böse Stiefmutter. Sie konnte das Mädchen nicht leiden und plagte es, wo sie nur konnte. Zuletzt befahl sie dem Knecht, es in den Wald hinauszuführen und dort umzubringen. Augen und Hände müsste er als Wahrzeichen zurückbringen. Im Wald aber bat das Mädchen den Knecht, Erbarmen zu haben. Die Augen stach er ihm nun zwar nicht aus, aber die Hände musste er ihm abhauen. Von einem Hund, der eben daher lief, brachte er die Augen heim.

Das unglückliche Kind irrte nun weinend im Walde herum. Da kam eine Frau und strich ihm Salbe auf die verstümmelten Arme, dass sie nicht schmerzten und bald heilten, und zeigte ihm einen Brunnen, daraus es trinken konnte. Die schöne Frau trug ein langes Kleid, welches die Füße verbarg. Im Gehen hinterließ sie die Spur goldgelber Fußtritte.

Das Mädchen wandert allein weiter durch den Wald. Da kommt es zu einem Schloss mit einem großen Garten voller Apfelbäume. Sie klettert den Zaun hinauf, um Äpfel herunter zu schlagen. Als der Gärtner sie bemerkt, hat er Mitleid mit dem händelosen Kind und nimmt es bei sich auf.

Das Kind wächst zur schönen Jungfrau heran, und als ihr der Schlossherr einmal begegnet, gefällt sie ihm so, dass er sie zur Frau nimmt. Bald darauf muss er in den Krieg ziehen. Während er lange fort ist, bringt seine Frau einen Buben zur Welt.

Man sendet einen eigenen Boten, um dem Grafen die Nachricht zu melden. Auf dem Hinweg aber kehrt der Bote zufällig bei der Stiefmutter der Schlossfrau ein. Neugierig fragt sie ihn aus über das Ziel seiner Reise und die Botschaft, die er zu überbringen habe. Sie erfährt auch, dass seine Herrin keine Hände habe. Da erkennt sie in dieser die eigene Stieftochter, die sie so misshandelt hat. Während nun der Bote schläft, nimmt sie ihm das Schreiben aus dem Ranzen und vertauscht es mit einem von ihr geschriebenen Brief, in dem sie Lüge über Lüge vorbringt, insbesondere, dass das neugeborene Kind eine hässliche Missgeburt sei.

Der Graf liest den Brief und lässt seiner Gemahlin schreiben, sie solle ja Acht haben auf das Kind, möge es beschaffen sein wie auch immer. Der Bote nimmt denselben Weg nach Hause und kehrt wieder bei der bösen Stiefmutter ein. Diese öffnet wieder das Schreiben und vertauscht es mit einem anderen, in dem steht: „Bindet der Gräfin das Kind auf den Rücken und schickt sie fort, damit ich mich, wenn ich heimkomme, nicht an Frau und Kind vergreife."

Wenn auch trauernd und klagend, vollzogen die Schlossleute doch den Befehl, banden der Gräfin das Kind auf den Rücken und setzten sie auf die Straße. So gerieten sie in einen Wald. Das Kind begann zu schreien, aber die Mutter konnte nicht helfen, da ihr die Hände fehlten. Sie fing daher zu klagen und zu weinen an.

Nach einiger Zeit zeigte sich die Frau mit dem langen Kleid und sagte: „Halte deine Arme unter das Wasser des Brunnens, den ich dir gezeigt habe." Als nun die unglückliche Mutter ihre Arme aus dem Wasser zog, hatte sie ihre Hände wieder; es waren nur zwei schwarze Ringlein an der Stelle, wo sie abgehauen waren. Darauf befahl ihr die Waldfrau, den Wald zu verlassen und sich im nächsten Dorf bei dem Hirten zu verdingen.

Als der Ritter aus dem Krieg heimkehrt, findet er weder Weib noch Kind. Da reitet er selber aus, um sie zu suchen. Er begegnet der Waldfrau, die ihm sagt, wo die beiden verborgen seien. Zur selben Zeit hütet die Hirtin ihre Herde an einem Weiher. Da kommt die Waldfrau auf dem Wasser dahergeschwommen und verkündet ihr: „Du wirst bald erlöst werden! Du wirst deinen Mann wiederfinden und ihr werdet glücklich sein zusammen. Für meine Dienste, die ich an dir getan habe, will ich zur Belohnung dein jüngstes Kind." Damit verschwindet die Waldfrau, die eigentlich eine Wasserfrau ist.

Der Graf kam endlich und hätte seine Gemahlin fast nicht erkannt, wenn ihn nicht die schwarzen Ringe oberhalb der Hände überzeugt hätten. Sie zogen froh in ihr Schloss ein und lebten in Freuden und Wohlstand. Die böse Stiefmutter wurde zur Strafe auf dem Scheiterhaufen verbrannt.

Die Wasserfrau ließ sich nur noch einmal sehen, als die Burgfrau das fünfte Kind geboren hatte. Sie holte es ab.

Mühldorf bei Auerbach.

ZA 202 278

DER SCHWARZE KATER

(ORIGINALTITEL: DER SCHWARZE KODARA)

Ein König hatte eine wunderschöne Tochter. Sie war so schön, dass sie den Neid ihrer Freundin erweckte. Aus Bosheit gab diese ihr einmal Katzenmilch zu trinken. Davon wurde die Prinzessin krank und bald stellte sich heraus, dass sie schwanger war. Der König war außer sich vor Entsetzen und ließ sie in den Turm sperren.

Als die Zeit um ist, bringt sie einen schwarzen Kater zur Welt. Der kann reden und tröstet die Prinzessin: „Ich werde schon dafür sorgen, dass du bald in die Freiheit kommst!“ Er zwängt sich durch das schwere Gitter und überredet die Leute draußen, den Spalt breiter zu machen, damit auch die Prinzessin durchschlüpfen könne. Sobald sie frei ist, geht der Kater auf Wohnungssuche. Schließlich findet er einen Schneider, der ihnen ein Häuschen anbietet. So leben sie glücklich und in Eintracht zusammen.

Ein Bote meldet, dass der König einen Stalljungen sucht, und der Kater meldet sich unverzüglich. „Du bist ja schon recht klein“, sagt der König. „Kannst du denn die Pferde oben auch putzen?“ „Oh ja“, sagt der Kater und bekommt die Arbeit. Noch nie waren die Pferde so sauber geputzt wie unter seinen Pfoten.

Einmal muss er mit dem Leibkutscher des Königs allein in der Kutsche fahren. Dabei sagt er seltsame Worte: „Du musst meine Mutter heiraten!“ – Der Kutscher schüttelt den Kopf und sagt: „Ich kann doch keine Katze heiraten!“ Da reißt der

Kater die Zügel zurück und im Flug sind sie wieder beim Schloss. Dieselbe Frage wieder, dieselbe Antwort: „Ich kann nicht!“ Wieder wirbelt sie der Wind zurück, so lange, bis der Kutscher voll Angst sein Jawort gibt.

Zu Hause verkündet der Kater der Prinzessin, dass sie den Leibkutscher heiraten solle, und er beginnt sofort, die Vorbereitungen zur Hochzeit zu treffen. Der erpresste Bräutigam versteckt sich, schickt aber seinen Freund, seine Braut zu begutachten. Der kommt voll Freude zurück. „Sie ist das schönste Weib unter der Sonne!“ So wird Hochzeit gehalten am Hof des Königs. Aber der König weiß nicht, dass seine Tochter die Braut ist.

Beim Essen werden Rätsel aufgegeben. Der traurige König erzählt die Geschichte seiner Tochter und will eine Lösung finden. „Würdest du deine Tochter denn wiedererkennen?“, fragt die Prinzessin. „Oh ja“, sagt der König. „Sie hat ein Muttermal am Arm.“ Da zeigt ihm die Prinzessin das Muttermal an ihrem Arm und die beiden schließen sich glücklich in die Arme.

Der Kater sitzt auch am Tisch. Noch ehe das Mahl zu Ende ist, sagt er leise zum Kutscher: „Du musst mit mir in die Kirche gehen!“ Zögerlich geht der Bräutigam mit. Dann sagt der Kater: „Du musst mir den Kopf abschlagen!“ „Nein, das kann ich nicht, das werde ich nicht tun!“ Doch der Kater lässt nicht nach und sobald sein Kopf auf den Boden rollt, steht ein wunderschöner Prinz an seiner Stelle.

Der Kutscher hatte seine Aufgabe erfüllt. Der verwünschte Prinz war jetzt erlöst und ging als der rechte Bräutigam zurück zur Hochzeitsgesellschaft. Jetzt wurde erst richtig Hochzeit gefeiert und sie lebten noch lange glücklich und zufrieden.

Wondreb.
ZA 202 995

Grausamkeiten werden in Märchen oft geschmäht, dabei sind es Bilder, die Kinder verstehen, nur Erwachsene nicht. Das Kind will Gerechtigkeit in derselben Härte wie die vorausgegangene Schmach.
Anders ist es, wenn z.B. Finger verloren oder Augen geblendet werden oder – wie hier – einem guten Wesen der Kopf abgeschlagen werden muss. Hier liegen die Bilder des Umbruchs und der pubertären Ängste zugrunde.
Am Ende der Kindheit gerät alles ins Wanken und die Zukunft ist manchmal einfach trostlos. Aber erst, wenn man sich von etwas Geliebtem, Bekanntem, Vertrautem trennt, kann der nächste Schritt zum Erwachsenwerden eingeleitet werden: die Unabhängigkeit von den Eltern, das Eintauchen in andere Freundesgruppen, Gefahren, selbstständige Entscheidungen, anderes Aussehen, Auszug.
Wenn diese Neuregelung nicht gelingt, wird der junge Mensch nicht reif, wird nie eigenständig, d.h. er wird nicht von dem Zauber erlöst.
Märchen sind eben keine Kindergeschichten.

Märchen desselben Typus:
„Die drei Ungeheuer“

DIE TOTENWACHE

Ein Taglöhner-Ehepaar hatte zu Lebzeiten immer Streit miteinander. Als der Mann starb, wollten die Nachbarn mit der Witwe die Totenwache halten. „Ich brauche euch nicht!“, sagte die Alte. „Er tut mir nichts mehr. Wir haben zu Lebzeiten nichts miteinander gehabt, viel weniger im Tode.“

So wacht sie alleine und spinnt neben dem Toten. Um 11 Uhr lässt er auf einmal einen Arm fallen. Die Frau legt ihn wieder zurück. Die Frau fürchtet sich nicht, aber plötzlich fällt der andere Arm auch herunter. Sie legt auch diesen Arm wieder zu dem Toten. Dann fällt ein Bein von ihm ab und es dauert nicht lang, dann setzt sich der Verstorbene ganz auf. Voller Angst rennt die Frau nun doch davon und über die Stiege zum Dachboden hinauf. Der Tote immer hinter ihr her. Zu ihrem größten Glück schlägt es auf dem Kirchturm 12 Uhr und ein Hahn kräht. Der Tote bleibt stehen und ruft ihr zu: „Hätte der Hahn nicht gekräht, hätte ich dir das Genick umgedreht!“

Damit fiel der Tote wieder zusammen und war jetzt wirklich tot.

Waldthurn.
Winkler 54

Totenwache: Um einem nahen Verstorbenen Ehre zu erweisen, versammelten sich die Trauernden um den aufgebahrten Leichnam, um zu beten oder sich auch Geschichten von dem Verblichenen zu erzählen. Essen und Trinken waren dabei durchaus erlaubt. Nicht selten kam es sogar zu alkoholischen Exzessen. Im 19. Jahrhundert noch selbstverständlich, ist der Brauch heute nur noch selten zu finden.

DIE DREI ÄRZTE

Zu einem Wirt kamen einmal drei Gäste, von denen jeder behauptete, ein Arzt zu sein. Der Wirt zeigte sich sehr erfreut über die große Ehre, dass sie gerade bei ihm eingekehrt waren. „Und wenn ihr mir noch einen Beweis eurer großen Kunst geben könnt, dann will ich euch mit Freuden 100 Taler geben."

Die drei „Wunderärzte" lassen sich das nicht zweimal sagen. Als Kunstbeweis reißt sich vor ihrer Abreise der erste seine Augen aus, der andere schneidet sich seine Eingeweide aus dem Bauch, und der dritte lässt sich die Hände abhacken. „Verwahre diese wertvollen Sachen gut in einem Glasbehälter und begieße sie jeden Tag gut mit frischem Wasser. Nach einem Jahr kommen wir wieder und werden unser Eigentum zurück verlangen."

Sie ziehen fort übers Land, und der Wirt tut, was ihm befohlen wurde. Einmal lässt die Magd versehentlich die Kammertür offen, der Hofhund spaziert hinein, meint dass der Inhalt des Glases für ihn bestimmt sei und verspeist ihn mit großem Appetit. Als der Wirt heimkommt und das Glas leer findet, macht er ein großes Geschrei. „Was sollen wir jetzt tun, wenn die gelehrten Ärzte kommen und ihre Sachen zurückverlangen?" Die Magd weiß schnell Rat. „Unser alter Kater hat genau dieselben Augen wie der eine von denen ...!" – Der Metzgerknecht brummt: „Eigentlich ist zwischen den Eingeweiden von Mensch und Schwein gar kein so großer Unterschied ..." Und der pfiffige Hirtenbub meint: „Hand ist Hand! Da draußen am Galgen hängt einer, der braucht seine Hände nicht mehr ..." Von nun an bewässern sie jeden Tag die Augen des Katers, die Eingeweide des Schweins und die Hände des Diebes.

Nach einem Jahr kommen die drei Ärzte tatsächlich wieder und wollen ihre Habe abholen. Scheinheilig überreicht der Wirt den Männern den Inhalt des Glases, und der eine setzt sich die Kateraugen ein, der andere stopft sich die Schweinedärme in den Bauch, was nicht so leicht gelingt, am Ende ist der Bauch prall und aufgetrieben, dem dritten gefallen die langen dürren Hände gar nicht. Letzten Endes trösten sich alle mit der langen Zeit, die schließlich vergangen ist, streichen die 100 Taler ein und machen sich auf den Weg. Der Wirt aber will nur zu gern wissen, wie der Handel weitergeht, bietet den dreien nochmal 100 Taler an, wenn sie im Jahr darauf noch einmal vorbeikämen.

Das Jahr vergeht und die Gäste kommen wieder. Ziemlich kleinlaut, denn es war ihnen nicht gut ergangen. Der eine klagt: „Ich weiß nicht, was mit meinen Augen los ist, ich sehe in der Nacht viel besser als am Tag. Und stellt euch vor, wenn ich einen Stall oder eine Kammer betrete, muss ich mich zuerst einmal nach allen Mauselöchern umsehen!" – Der andere jammert über seinen unersättlichen Appetit. „Und wenn ich auf der Straße eine Pfütze sehe, dann muss ich mich unbedingt in dem Schlamm wälzen!" – Dem dritten aber ist es am schlechtesten ergangen: „Ich weiß nicht, was mit mir los ist, ich muss immer nehmen, was mir nicht gehört! Deswegen bin ich das ganze Jahr lang von einem Zuchthaus zum anderen gekommen. Schlechter hätte es mir gar nicht ergehen können!"

Da schob ihnen der Wirt ganz schnell die 100 Taler zu und war froh, als sie wieder aus dem Haus waren.

Neukirchen, St. Christoph.
ZA 202 969

DAS JUNGGEGLÜHTE WEIB

(ORIGINALTITEL: U. L. HERR UND ST. PETRUS)

Unser Herr Jesus ging einmal mit Petrus an einer Schmiede vorbei, an der ein Schild hing: „Meister über alle Meister". – Petrus wollte den Spruch nicht wahrhaben, denn der größte Meister war ja sein Herr. Er ging also scheinheilig hinein und fragte: „Warum schreibst du so etwas an deine Haustür?" – „Mit Recht. Was draußen steht, das bin ich auch", sagte der Schmied hochmütig.

Da ging auch der Herr Jesus hinein und gab dem Schmied die Aufgabe, um den Hof ein eisernes Gitter zu machen. Das war bald geschehen.

Jetzt wird aber der Schmied neugierig und fragt nach dem Begehr der sonderbaren Gäste: „Wenn ihr rechte Leute sein wollt, dann will ich eure Kunst auch schauen. Was könnt ihr denn?" – „Wir können alte Weiber wieder jung machen!"

Der Schmied denkt sofort an seine alte Mutter, und sie ist auch gerne bereit, wieder jung zu werden. Der Herr Jesus bläst sie an und sie ist auf der Stelle tot. Dann legt er sie auf den Schmiedeofen, Petrus muss den Blasebalg ziehen, damit die Kohlen recht rot glühen und das Weiblein auch ganz rotglühend wird. Dann holt sie der Herr aus dem Feuer, und Petrus muss mit dem größten Hammer kräftig drauf losschlagen. Mehrmals muss das arme Weib in die Glut und als es schon ganz unförmig geschlagen ist, knetet Jesus Kopf, Arme und

Beine heraus, stellt es auf die Füße, bläst es wiederum an und in dem Moment steht die alte Mutter jung und schön vor ihnen.

Die Nachbarsweiber haben alles beobachtet und staunen nicht schlecht über die Schönheit der Schmiedin. „Wir wollen auch junggeglüht werden! Was kostet das?" Besonders eine reiche alte Bäuerin bietet dem Schmied viel Geld an. Der Schmied aber will das Geld für sich alleine haben und sagt: „Ich habe von den beiden Fremden diese hohe Kunst abgeschaut. Ich kann das jetzt auch."

Er bläst die reiche Bäuerin an, aber sie fällt nicht tot um, wird aber trotzdem in die Esse geschoben und so schwer mit dem Schmiedehammer misshandelt, dass sie wirklich stirbt. Und als der Schmied sie zuletzt noch auf den Amboss legt und erneut bearbeitet, fallen zwar Kopf und Glieder herunter, aber die Alte steht nicht wieder auf, weder jung noch alt, noch lebendig.

Das war die Strafe für den Hochmut des Schmieds.

Deuerling.
ZA 202 395

Schönwerth hat viele dieser sehr alten kleinen Legenden aufgeschrieben. Jesus und Petrus stellen so einen köstlichen Kontrast dar zwischen dem Übernatürlichen und dem Bäuerlichen.

DER MEISTERDIEB

(ORIGINALTITEL: STEHLEN LERNEN)

Ein alter Vater schickte seinen einzigen Sohn in die Welt. Er gab ihm Geld mit, damit er ein Handwerk erlernen konnte.

Der Junge geht fort, da begegnet ihm im Wald schon bald ein Fremder. „Wohin gehst du?“ – „Ich gehe in die Welt, um ein Handwerk zu lernen.“ – „Das kannst du bei mir auch lernen!“ – „Was denn?“ – „Ich will dich die Kunst des Stehlens lehren!“ Der Junge willigt ein und bleibt drei Jahre bei dem Meister.

Dann soll er die Meisterprüfung ablegen mit drei schwierigen Aufgaben. Als erstes soll er ein Pferd aus einem Stall stehlen, der doppelt bewacht wird. Der Bursche verkleidet sich als alter Mann mit einem Körbchen am Rücken, setzt sich vor den Stall und klagt und jammert: „Mir geht es so schlecht, ich bin müde und krank und habe kein Dach über dem Kopf.“ Die Wachen vor dem Stall haben Mitleid mit ihm und erlauben ihm, im Stall zu übernachten. Der Dieb aber bietet den Wachen drinnen Schnaps an, den er in seinem Körbchen mitgebracht hat, wartet, bis sie berauscht eingeschlafen sind und führt das Pferd ohne Störung aus dem Stall. „Das hast du gut gemacht!“, sagt der Meister.

Als zweite Prüfung soll er einer feinen Dame ihren wertvollen Ring vom Finger stehlen und ihr das Leintuch unter ihrem Leib wegziehen. Er besorgt sich einen Totenkopf, steckt zwei brennende Kerzen in die leeren Augenhöhlen und stellt ihn draußen in das Fenster der feinen Dame. Die erschrickt so, dass sie in Ohnmacht fällt. Jetzt kann der Dieb ihr den Ring und das

Leintuch abnehmen, ohne dass sie etwas bemerkt. Der Diebesmeister ist begeistert von seinem Schüler und stellt die dritte Aufgabe: Er soll den Pfarrer und den Mesner aus der Kirche stehlen.

Der Junge hat schnell einen Plan. Er sammelt einen Sack voll Krebse, klebt jedem eine brennende Kerze auf den Panzer und lässt sie in der Kirche herumkrabbeln. Als der Mesner frühmorgens zum Gebetläuten in die Kirche kommt, erschrickt er zu Tode über die wandernden Lichter. „Herr Pfarrer, Herr Pfarrer, kommen Sie schnell, in der Kirche geht es um!" Der Pfarrer kommt eilends herbei, aber er findet auch keine Erklärung für diesen Spuk. Da hören sie auf einmal Stimmen aus der Dunkelheit heraus: „Wer in den Himmel kommen möchte, soll in den Sack kriechen." Natürlich will der Pfarrer als erster in den Himmel kommen, kriecht in den Sack, der Mesner hinterher. Der junge Dieb springt aus seinem Versteck, bindet den Sack zu, wirft ihn auf einen Schubkarren und holpert damit über Stock und Stein. Der Mesner jammert über seinen zerschlagenen Kopf, der Pfarrer aber tröstet ihn: „Der Weg ins Himmelreich ist hart und beschwerlich!"

Der Dieb hatte seine Aufgaben alle bestanden und durfte sich nunmehr Meisterdieb nennen.

Tirschenreuth.
ZA 202 310

DER SCHLÜSSEL

(ORIGINALTITEL: DER VERZAUBERTE GATTE)

Eine arme Witwe wohnte mit ihrer Tochter Eva in einem Häuschen am Waldrand nahe bei einem Dorf. Oft kam ein seltsames altes, graues Männlein zu Besuch, das half im Haus überall, wo es notwendig war. Buben und Hunde konnte es gar nicht leiden, denn sie jagten und hetzten es und schrien es an.

Einmal kam Feuer aus und brannte das Dorf und damit das Häuserl ab. Die Witwe suchte sich eine Steinhöhle, richtete sie notdürftig ein, machte aus Stecken und Reisig einen Zaun herum und pflanzte ein Gärtlein an. Da fand sich auch das Männchen wieder ein. Sie aßen miteinander nur Wurzeln, aber die Kost war kräftig und süß wie Obst, sie tranken Wasser vom Quell, das schmeckte wie Wein. Wehte draußen kalter Wind, war es warm in der Höhle und das Lager von Moos und Laub war weicher als Federn und Flaum.

Und wenn Leute vorübergingen, blieben sie stehen und gafften und schauten nach oben und unten, nach links und rechts und sagten: „Wo ist das schöne Haus hergekommen und der prächtige Garten?“ Wenn sie länger verweilten, ging das Tor auf und herein brauste ein Gespann von goldgeschirrten Rappen, und im Wagen fuhren ein schöner Herr und ein Fräulein an den Leuten vorüber, die wunderten sich und meinten, das sei leibhaftig Eva mit ihrem Bräutigam. Eva aber sah und wusste von allem nichts.

Einmal blieb das Männlein länger aus und kam auf einmal gelaufen, hinter ihm eine wilde Jagd von Buben und Hunden.

Die bissige Jagd aber fährt hinter ihm her auf die Höhle zu und hinein und fort und fort in den Bauch des Berges tief hinein, bis alles wieder still und vorüber ist. Und als die zwei Frauen vom Schrecken wieder zu sich kommen, glänzt um sie her die Pracht blumiger Zimmer, und das graue Männlein steht vor ihnen und lächelt, wie es sonst nie gelächelt hat. Es sagt: „Da nehmt und verwahrt diesen Schlüssel, aber gebt ihn beileibe nicht her, es mag kommen, was will, dann komme ich schon selbst zur rechten Zeit."

Es dauert gar nicht lange, da kommt ein Prinz mit Reitern und Gefolge in Glanz und Herrlichkeit und bald gibt es Spiel und Tanz. Er will die Eva freien. Der Mutter gefällt das Angebot gut und sie meint, das Mädel solle zugreifen und den Prinzen nehmen. Er aber redet von einem Pfand und meint damit den Schlüssel. Eva ist klug genug, ihn nicht herauszugeben, und so wird aus der Sache nichts.

Bald darauf kommt ein Bischof im vollen Ornat mit seinen Würdenträgern und sagt: „Gebt mir den Schlüssel heraus, auf dass ich damit auftue das Schloss des Berges, denn es versperrt mir meine Lämmer und Schafe. Verflucht seid ihr und verdammt, wenn ihr den Schlüssel nicht herausgebt." Da erschrecken die Weiber, bekreuzigen sich und beten ein Stoßgebet. Davon entweicht der Bischof wie ein böser Geist.

Jetzt kommt ein schwarzer, riesengroßer Mann, der brummt wie ein Bär: „Den Schlüssel, den Schlüssel!" Er schlägt mit Ketten um sich und jagt die Weiber in Angst und Schrecken von Zimmer zu Zimmer über Gänge und Treppen bis unters Dach in ein Kämmerlein, wo der Schlüssel hängt. „Da", sagt der Schwarze und wirft eine schwere Truhe hin, „ist Gold und Geschmeide, mehr wert als ein Königreich. So nehmt den Schlüssel, den ihr habt und öffnet den Schatz!"

Der Mutter sticht der Schatz in die Augen und sie schielt nach dem Schlüssel, aber die Tochter stellt sich dumm. Da wirft der Schwarze noch eine Truhe hin, dass das Kämmerlein zu eng wird. Die Witwe ergreift hinter dem Rücken der Eva den Schlüssel, die aber verwehrt ihr's und sagt: „Rühre nicht an, was uns eine treue Hand anvertraut hat und böse List dafür bietet!"

Darüber zerfiel auch der dritte Versucher; eine schwarze Ameise kroch dafür am Boden, zwei Sandkörner lagen dabei.

Das alte Männlein kam nun leise heran, nahm den Schlüssel aus der Hand von Eva und legte ihn ins Feuer. Als er zerschmolz und das Metall vom Herd herabfloss, erhob sich das kleine graue Männlein zu einem stattlichen Gesellen. Er heiratete darauf das treue Mädchen, und sie lebten miteinander wie Adam und Eva im Paradies.

Geisheim.
ZA 202 052

Zwerge wissen mehr als Menschen. Sie können in die Zukunft schauen, tiefe Einsichten erfahren zu den geheimen Eigenschaften der Steine und Pflanzen, sie können mithilfe von Erdspiegeln oder dem Geruch des Wassers Mineralien, Gold und Edelsteine entdecken – und sie helfen den Menschen, wenn sie gutartig und freundlich sind.
Andernfalls sind sie trickreich und böse, verursachen Schaden und geben keinesfalls ihr Wissen preis.

Auf Reisen ziehende Zwerge können einem unschuldigen Mädchen z.B. den Schlüssel zu ihrer Schatzhöhle als Pfand übergeben, zur treuen Hut. Wenn sie ihn zuverlässig bewahren, ist ihnen Glück und Reichtum sicher.

DER RÄUBERBRÄUTIGAM

Unweit Falkenberg in der Oberpfalz führt ein schwerer Fußsteig nach Neuhaus und Windischeschenbach. Dieser Fußsteig ist nicht allen bekannt und schwer zu finden, weil er durch Erdwälle, Höhlen und Steinschluchten führt. Unten fließt die Naab durch ein ödes Gebiet mit ungeheuren Felsenklippen und Sümpfen, darin ein riesiger Stein, den die Einheimischen ‚Das Butterfass' nennen und an dem vor langer Zeit eine Martersäule in den Boden geschlagen war. Weiter oben sieht man noch die alten Mauerreste von einem Räuberschloss, in dem ein wilder Räuberhauptmann hauste. Seine Spießgesellen mussten in Höhlen wohnen. Nicht weit davon stand eine Marter- oder Schlachtkammer, in der die geraubten Menschen von umliegenden Schlössern, Straßen und Fußwegen umgebracht wurden.

Ganz in der Nähe lebt ein Müller, der drei Töchter von außerordentlicher Schönheit hat. Da fällt es dem Räuberhauptmann ein, eine Tochter des Müllers zu rauben. Er lässt seinen Kutscher einspannen, kleidet sich recht nobel, gibt sich als Gutsbesitzer aus und bittet die Müllersleute um eine ihrer Töchter. „Ich will sie gleich auf Hausschau mitnehmen", sagt er, „und wenn sie mir gefällt, kann sie ja etliche Tage bei mir bleiben bis zur Trauung, dann können die Eltern geholt werden."

Die Müllersleute willigten ein und die Tochter fuhr mit. Als sie auf dem Schloss ankamen, wurden ihr alle kostbaren Sachen gezeigt und sie durfte sich prächtige Kleider und den schönsten Schmuck aussuchen. Bei ihrem Rundgang stieß sie auch auf das Nebengebäude und fragte, was darin sei. „Darin sind lauter ganz wilde Hunde, die ich durch Wildbret ernähren muss. Sie können keinen Menschen leiden außer mich. Wage es ja nicht, zu ihnen zu gehen!"

Damit schloss er die Tür zu und legte den Schlüssel an einen nur ihm bekannten Ort. „Ich muss jetzt auf die Jagd, damit sie Futter bekommen."

Das Mädchen ist aber neugierig und schaut in diese Kammer. Als sie sieht, dass diese an allen vier Wänden mit Blut bespritzt ist, dass tote Menschenleiber herumliegen und allerlei Mordwerkzeuge, schließt sie die Tür und fällt in Ohnmacht.

Als der Räuber nach Hause kommt, sieht er ihr gleich an, dass sie etwas Verbotenes getan hat und fragt sie streng nach ihrem Kummer. Doch sie will nicht heraus damit, sie sagt nichts, als dass sie wieder nach Hause will zu ihren Eltern. Der Räuber macht kurzen Prozess, schleppt sie in die Mordkammer und haut ihr mit einem Beil den Kopf ab.

Dann wurde ein anderer Räuber ganz ordentlich eingekleidet, er sollte die zweite Müllerstochter herbeibringen. Sie hat dem schönen Schein auch geglaubt, und als der Hauptmann sie bewillkommnete und in das Innere des Schlosses führte, wurden ihr auch alle Schätze gezeigt.

Bei der Mordkammer nahm sie allen Mut zusammen und begrüßte ihren Bräutigam auf das Höflichste. Sie blieb zwei Tage da, dann schmeichelte sie ihm, er solle mit ihr zu ihren Eltern fahren. Vielleicht möchte ihre andere Schwester auch mitgehen, um das Hochzeitsfest zu feiern. Ihr Bräutigam willigte ein und sie packte ihre Koffer in Abwesenheit ihres Bräutigams voll mit vielen Reichtümern, doch unten hinein steckte sie den Kopf ihrer toten Schwester.

Auf der Mühle angekommen, wird gleich eine gute Mahlzeit zubereitet und es wird so viel Wein getrunken, dass der Räuber ins Bett geschleppt werden muss. In der Zwischenzeit schickt die Tochter einen Boten zum Gericht nach Windischeschenbach, darauf kommen zwanzig Soldaten. Lange schon hat man vergeblich nach den Räubern gesucht.

Jetzt packt die Müllerstochter den Koffer aus und ihre Eltern staunen über die vielen prächtigen Sachen, die sie mitgebracht hat. Sie hätten schon beinahe ihre dritte Tochter dem Fremden mitgegeben. Als aber der Kopf der ersten Tochter herauskommt, sind sie entsetzt und sinnen auf Rache.

Währenddessen kamen die Soldaten, der Räuber wurde gefesselt, auf einen Wagen geladen und nach Eschenbach gebracht mitsamt dem Kutscher. Er gestand unter schwerer Tortur ein, dass er mit seinen Leuten fünf Schlösser ausgeraubt habe, drei Pfarrhöfe, zwanzig Personen von der Straße und noch mehr andere auf verschiedenen Wegen und auch drei Bauernhöfe habe er ausgeraubt und die Menschen erschlagen.

Das Schloss war durch die Müllerstochter entdeckt worden. Sie wurde reichlich beschenkt. Die Menschen aus dem Dorf nahmen alle geraubten Sachen mit, bevor das Schloss in Flammen aufging und der Räuber gerädert wurde. Dennoch gestand er nicht ein, wo seine Kameraden sich befanden. Sie haben sich nicht mehr sehen lassen.

Ohne Ort.
ZA 203 018

Märchentypus: Der mörderische Bräutigam
„Der Räuberbräutigam“ erinnert an „Blaubart“, das bekannte Märchen von Charles Perrault (Paris, 1628 – 1703), das nur in der ersten Auflage der „Kinder- und Hausmärchen“ der Brüder Grimm von 1812 erschien, dann nicht mehr.

EIN RIESE LÜGT NIE

(ORIGINALTITEL: DER HIRT UND DIE RIESEN)

Ein Bauer hatte einen Sohn, der war so groß und stark, dass er jedes Werkzeug zerbrach. Da schickte ihn der Vater zu einem Schmied, damit er seine Kräfte messen konnte, aber er schlug den ganzen Amboss auseinander. Der Schmied gab ihm einen anderen Rat: „Ich weiß für dich einen guten Platz, droben am Berg, beim Grafen, der braucht starke Leute!", gab ihm ein rostiges Schwert und schickte ihn los.

Der Junge kommt beim Grafen an und verdingt sich als Viehhirt. Wie er das erste Mal die Tiere austreibt, stellt sich ihm ein Riese in den Weg und will Hirt und Vieh zermalmen. Doch der Junge haut ihm kurzerhand beide Hände ab. Der Riese heult wie ein Wetterhorn und bettelt um seine Hände: „Ich will dir ja immer helfen!" – „Lügst du mich auch nicht an? – „Ein Riese lügt nie!" Mit einem Schwertstreich rückwärts wachsen die Riesenhände wieder an.

Am nächsten Tag droht ein weitaus größerer Riese ihm und der Herde. „Wo willst du hin", brüllt er, „in meinem Gehege?" – Der Junge ist nicht faul und brüllt zurück: „Schau, dass du weiterkommst, sonst geht es dir genauso wie deinem Gesellen gestern!" Der Riese will angreifen, aber mit einem harten Streich fliegen ihm beide Arme davon. Der Riese bettelt und winselt so lange, bis ihm der Hirt ein Versprechen abnimmt und ihm mit einem verkehrten Schwertstreich die Arme wieder gibt.

Am dritten Tag kommt in einer ganz entlegenen Gegend ein Riese daher, so groß wie ein Tannenbaum, und will das Vieh zertreten wie Flöhe. „Du Lümmel!“, schreit der Hirt, „Reiß aus oder ich lass dich auf deinen Knien tanzen!“ Der lange Kerl will noch schnell ein paar Frösche verspeisen, die er um sein Leben gern isst, doch der Hirt schlägt ihm mit einem Streich beide Beine ab. Auch er wimmert und bettelt und verspricht seine Hilfe, bis ihm der Hirt seine Beine wieder gibt.

Der Graf ist sehr froh über den starken Knecht, der sein Vieh so gut betreut, und lobt ihn über die Maßen. „Du“, sagt er eines Tages, „in meinem Land wütet ein Drache mit neun Köpfen, der verwüstet alles so lange, bis er die Königstochter zum Fraß bekommt. Wer den Drachen erlegt, bekommt Reich und Tochter des Königs zum Lohn.“ Der Hirt macht sich auf den Weg zu seinen Riesen und sagt zum ersten: „Bring mir eine Rüstung und ein weißes Ross, dann hüte meine Tiere!“ Er bekommt, was er will, und reitet davon.

Gegen Abend kommt er zu einem hohen Gerüst, auf dem die Prinzessin dem neunköpfigen Drachen geopfert werden soll. Da kommt der auch schon daher mit Dampf und Rauch und schnappt nach dem Hirten. Doch der schlägt ihm drei seiner Köpfe ab, schneidet die drei Zungen heraus und steckt sie in seine Hirtentasche. Dann reitet er so schnell davon, dass seine Rüstung birst und sein Gaul tot unter ihm zusammensinkt.

Am nächsten Tag verlangt der Hirt vom zweiten Riesen eine neue Rüstung und ein braunes Pferd. So reitet er zum Kampfplatz, und als der Drache wütend daherschnaubt, trennt er ihm drei weitere Köpfe vom Rumpf. Auch deren Zungen steckt er ein und reitet wieder so schnell davon, dass die Rüstung zerspringt und der Gaul tot zusammenfällt.

Am dritten Tag geht der mutige Hirt zum dritten Riesen, dem mit den abgeschlagenen Beinen, verlangt von ihm eine goldene Rüstung und einen Rappen. Erst spät am Abend kommt der sich vor Schmerzen aufbäumende Drache herangeschossen, zertrümmert das Gerüst, doch gleich darauf rollen seine letzten drei Köpfe in den Sand. Auch diese drei Zungen wandern in die Hirtentasche. Der Junge hat es geschafft, er will jetzt zum König reiten. Doch ein Lakai des Königs hat den Kampf gesehen, er will den Sieg für sich haben und trägt die neun schweren Drachenköpfe weg.

Jetzt endlich ist Ruhe im Land und der Hirt hütet wieder seine Herde. Da sieht er eines Tages auf der Straße viele Ritter in ihrem schönsten Ornat daherreiten. Auch sein Graf ist darunter. Der ruft ihm zu: „Wenn du weniger dumm und faul als stark wärest, könntest du jetzt mein Gebieter sein!" Der Hirt versteht nicht, was der Graf meint, er will seine hilfreichen Riesen fragen. Die Antwort gefällt ihm gar nicht. „Die Prinzessin heiratet morgen den Drachentöter! Kannst hingehen, wir passen inzwischen auf deine Herde auf." Wütend erwidert er: „Der Teufel soll auf meine Herde aufpassen! Rüstet mich und begleitet mich zum Schloss!"

So geschieht es. Die Riesen traben neben dem edlen Reiter, denn welches Pferd könnte schon einen Riesen tragen, und sie verschaffen sich Einlass ins Schloss als Musikanten. Im Rittersaal sind schon alle versammelt: der König, die Prinzessin, noble Herren und elegante Damen in großer Zahl. Ein Trompetensignal ertönt, die Türen fliegen auf und neun Pagen tragen auf neun goldenen Schüsseln die neun Drachenköpfe herein. Alles ist still, da ruft der König: „Wer dem gefährlichen Drachen die Köpfe abgeschlagen hat, der trete vor, um des Königs Dank und die Hand der Prinzessin zu erhalten!"

Da tritt der Lakai, aufgeputzt wie ein Pfau, aus der Menge heraus, kniet sich vor den König und sagt: „Mein König, das habe ich getan! Schaut euch die neun abgeschlagenen Drachenköpfe an!" Der König führt huldvoll seine Tochter zu dem Lakai, doch da kracht das Tor, dass die Gänge und Treppen erzittern, es wird aufgestoßen und herein kommt der starke Hirt und hinter ihm die drei Riesen. Alle im Saal sind erstarrt vor Schreck. Da tritt der Ritter zu dem zitternden Lakai und schnaubt ihn an: „Wohl habe ich die Köpfe weggeworfen wie eine taube Nuss. Aber hier sind die Zungen. Schaut, ob sie zu den Köpfen passen!"

So wurde der starke Bauernsohn der Gemahl der Prinzessin, der Lakai aber wurde von den Pferden in Stücke zerrissen.

Neuenhammer.
SSO 2, S. 275 – 280

Märchen desselben Typus: „Der starke Hans"

DIE STRÜMPFE DES GEHENKTEN

Einmal reiste ein Handwerksbursche sehr weit über Land. Er hatte abgerissene, schlechte Kleidung, bettelte deswegen die Leute auf der Straße an, aber niemand gab ihm etwas Warmes zum Anziehen.

„So muss ich jetzt erfrieren“, jammert er und weint bitterlich. Aber er geht weiter und sieht schließlich von Weitem einen Galgen stehen. Auf dem baumelt ein Gehenkter, der ein paar wollene Strümpfe anhat. Der Handwerksbursche besinnt sich nicht lange und will dem Gehenkten die Strümpfe abziehen, aber sie sind angefroren, so dass er sie bei bestem Willen nicht herunterziehen kann. Kurzerhand schneidet er da dem Leichnam beide Beine ab und steckt sie in seinen Ranzen.

Er macht sich wieder auf den Weg und als es schon Nacht wird, fragt er bei einem Bauernhof nach einem Nachtquartier. Da sagt der Bauer: „Du kannst schon dableiben, aber ich hab’ halt bloß einen sehr bösen Hoanzen (Kater).“ Da sagt der Fremde: „Ich fürchte mich nicht“ und legt sich auf sein Lager. Wie aber alles still im Haus ist, steht er wieder auf, packt die beiden Beine des Gehenkten aus dem Ranzen und lehnt sie an den Ofen, dass sie warm werden und er die Strümpfe abziehen kann.

Bevor die Bauersleute aufgestanden waren, machte der Bursche sich aus dem Staub, nicht ohne vorher die Strümpfe des Gehenkten anzuziehen. Die toten Beine ließ er am Ofen lehnen. Als der Bauer früh aufstand und in die Stube kam, da schrie er: „O, da Hoanz hat alles zammgfressen bis auf die zwei Boana!“ (Der Kater hat alles gefressen bis auf die zwei Beine.)

Ohne Ort.

ZA 203 037

DIE DREI UNGEHEUER

(ORIGINALTITEL: DRACHENTÖTER)

Ein Wanderer musste durch einen großen Wald gehen. Da begegnete ihm ein wunderbares Tier, das ihm immerzu nachlief. Er konnte das Tier gut leiden und sagte zu ihm: „Nun, so musst du halt mit mir gehen!“ Und es lief mit. Auf seinem weiteren Weg kam ein recht garstiges Tier auf ihn zu. Es durfte auch mit ihm gehen. Von Ferne sah er schon wieder eines kommen, fürchterlich anzuschauen. Zu dem sagte der Mann: „Dich kann ich nicht brauchen, denn du siehst mir zu schlecht aus!“ Das Tier ließ sich nicht abspenstig machen und lief ihnen trotzdem nach.

Der Wald wollte kein Ende nehmen. Um die Tiere zu unterscheiden, gab er ihnen Namen: Windgeschwind, Baumstark und Brich Stahl und Eisen.

Gegen Abend kehrten sie in einem Wirtshaus ein. Die Wirtsleute schauten die wilden Tiere schief an, sagten aber nichts. Der Fremde setzte sich zum Fenster hin und schaute hinaus. Da sah er von ferne ein altes Schloss stehen. Er fragte den Wirt: „Kennst du dieses Schloss? Wer wohnt darin?“ Der Wirt antwortete zögernd: „Da kann sich niemand aufhalten. Es sind schon mehrere Reisende dort geblieben. Wenn es Tag wurde, hat man nichts mehr von ihnen gesehen.“ Der Fremde wurde neugierig und sagte: „Ich will es auch probieren. Ich will hingehen mit meinen Kameraden.“ Jetzt erzählte der Wirt alles, was er wusste: „Dieses alte Schloss gehört einem sehr reichen Grafen. Der sagte vor vielen Jahren: Wer es einmal befreien wird, der bekommt meine Tochter zur Frau.“

Der Fremde machte sich auf. Der Wirt gab ihm sehr viel Licht mit und ein weißes Tüchlein. Wenn er in der Früh noch lebte, so sollte er damit ein Zeichen geben.

Er geht fort, findet das Schloss und geht hinein in ein prächtiges Zimmer. Er stellt das Licht auf den Tisch, setzt sich dahinter und seine drei Kameraden legen sich neben ihn. Lang hört er nichts. Aber als es Mitternacht wird, vernimmt er in den alten Mauern ein fürchterliches Heulen und Krachen. Der Lärm kommt immer näher. Auf einmal wird die Tür aufgestoßen und herein kommt – eine fürchterliche Schlange. Sie sperrt den Rachen schon von Weitem auf, um ihn zu verschlingen.

Da springt der Fremde auf und schreit seine drei Tiere zusammen: „Windgeschwind, Baumstark und Brich Stahl und Eisen, greift an!“ Die drei Tiere springen hervor und zerreißen die Schlange in lauter Trümmer. Als die Schlange tot ist, steht das schönste Fräulein in dem Zimmer.

Am nächsten Tag war der Wirt schon ganz neugierig. Er stellte sich unter die Haustüre. Da winkte der Fremde auf einmal mit dem Zeichen. Der Wirt lief schnell hin, um zu sehen, was geschehen war. Er erschrak sehr, als er die schöne Dame sah und schrieb sogleich an den Grafen, er solle nur kommen. Sein Schloss sei befreit. Der Graf kam sogleich mit seiner erlösten Tochter. Der Fremde erzählte ihm alles, wie es ihm ergangen war. Da sprach die Dame: „Ich bin die Besitzerin des Schlosses und mein Erlöser gehört mir.“ Es wurde wirklich bald Hochzeit gehalten.

Danach gingen sie einmal im Garten spazieren und seine drei Tiere auch mit. Da fing Windgeschwind zu reden an und sagte: „Du musst uns den Kopf abhauen!“ – „Das kann ich nicht tun!“ – „Du musst uns auch erlösen!“

Er machte es wirklich so und sah jedes Mal eine schneeweiße Taube davonfliegen.

Ohne Ort.
ZA 202 244

DAS PORTRÄT

(ORIGINALTITEL: BRÜDERLEIN UND SCHWESTERLEIN)

Zwei arme Tagelöhnersleute lebten mit ihren zwei Kindern, einem Mädel und einem Buben, in einem armseligen Häuschen. Zu allem Unglück starben nacheinander die Mutter und der Vater, so dass die Kinder allein zurechtkommen mussten. Jeden Tag schauten sie vor die Tür, ob nicht doch einmal das Glück zu ihnen kommen würde.

Da kommt eines Tages eine schöne Kutsche gefahren und hält an. Der Herr schaut auf den Buben, der geht ohne zu zögern hin und fragt ihn, ob er nicht einen Knecht brauche. „O ja", erwidert der Herr, „ich bräuchte einen Kutscher, du wärst mir gerade recht. Geh, pack deinen Ranzen und fahre gleich mit mir." Der Bub ist außer sich vor Freude, er rennt ins Haus und berichtet seiner Schwester von dem Glück. Das schüchterne Mädchen ist zwar erleichtert, dass wenigstens der Bruder Arbeit gefunden hat. Aber es ist auch sehr traurig, denn jetzt muss sie ganz allein in der Hütte wohnen. ‚Wenn es nur meinem Bruder gut geht, dann will ich ganz zufrieden sein', denkt sie und richtet ihm den Ranzen zusammen. Zu den wenigen Habseligkeiten gibt sie ihm auch ein Bild von ihr mit, damit er sie in der Fremde wenigstens anschauen könne. Dann müssen sie sich trennen. Tränenreich verabschieden sie sich, dann rollt die Kutsche fort.

Im größten Galopp fahren sie den ganzen Tag und kommen spät abends bei einem Schloss an. Der Bub bekommt Arbeitskleidung und eine kleine Kammer, in der er das Bild seiner

Schwester aufhängt. Dann betet er inbrünstig, dass ihr nichts Böses geschehen möge.

Der Herr beobachtet den Jungen und fragt ihn schließlich, was er immer so lang in der Kammer macht und ob das Bild darin vielleicht die Mutter Gottes sei. „Nein", sagt er, das ist das Bild von meiner geliebten kleinen Schwester, die jetzt allein im Wald leben muss. Ich bete immer für sie, dass sie gesund und glücklich ist und dass sie nicht verführt wird." „Geh, lass mich doch das Bild von deiner Schwester auch sehen", sagt der Herr. Ungern holt der Bruder das Bild und zeigt es seinem Herrn, der von der Schönheit des Mädchens ganz entzückt ist. „Wenn deine Schwester wirklich so schön ist wie auf diesem Bild, dann will ich sie auf der Stelle heiraten! Wenn es aber erlogen ist, sperre ich dich in den Turm!" „Nein, sie ist sogar noch viel schöner als auf dem Bild!" Der Graf lässt sofort einspannen, der Kutscher putzt die Pferde und die Kutsche aufs Allerschönste, voller Freude, dass seine Schwester aus der Armut erlöst werden sollte.

Die Mutter des Grafen war eine alte, missgünstige Hexe. Mit ihrer Kammerfrau zusammen setzte sie sich, unsichtbar für alle, in die Kutsche, und der Kutscher fuhr los.

Seine Schwester steht schon in der Tür, als sie ankommen, und die Freude ist bei ihr und ihrem Bruder riesengroß. „Mach schnell, richte deine Sachen zusammen, wir fahren gleich wieder zurück!" Das Mädel steigt ein, setzt sich neben die Kammerfrau, die sie natürlich nicht sieht, und in schnellem Trab geht es durch den finsteren Wald.

„Schwester, schau nicht hinaus, dass dich die Äste nicht zerkratzen!", sagt der Bruder voller Sorge. Die Schwester versteht ihn nicht und fragt nach. „Was hast du gesagt?" „Rausschaun sollst du", sagt da die alte Hexe, „da draußen sind wunderschöne Vögel!" Beim Rausschauen wird ihr schönes Gesicht ganz zerkratzt von den rauen Ästen und Zweigen.

Sie kommen an einem Teich vorbei und der Bruder sagt: „Schau nicht hinaus, dass du nicht in den Teich fällst." – „Was hast du gesagt?" „Rausschaun sollst du, in dem Teich schwimmen schöne Fischlein herum!" Wie das Mädchen aus der Kutsche schaut, gibt ihr die Hexe einen Stoß, dass sie kopfüber in den See stürzt.

Beim Schloss angekommen, will der Graf gleich die Kutsche öffnen, um seine Braut zu sehen, aber da ist niemand, denn die Mutter und die Kammerfrau sind ja unsichtbar. Der Graf wird wütend und straft den Kutscher Lügen. „Aber ich habe gerade noch mit ihr gesprochen! Gewiss ist sie in den Teich gefallen. Ich hab's ihr doch gesagt, sie soll nicht hinausschauen. Oh, meine arme Schwester!" Der Graf glaubt ihm nicht und lässt ihn in den Turm sperren. Das Bild aber lässt er in den Rauchfang hängen.

In der Nacht sieht der Leibdiener des Herrn plötzlich eine Gestalt in dem großen Spiegel erscheinen. Sie sagt: „Grüß Gott, Spiegel an der Wand. Ich danke dir für deine Hilfe. Wo ist mein armer Bruder?"

„Er liegt im Turm von Gram erfüllt."

„Wo ist mein Ebenbild?"

„Es hängt im Rauch ganz unverhüllt."

„Wo ist das alte Kammerweib?"

„Es liegt dem Herrn an seiner Seit!"

Der Leibdiener ist zu Tode erschrocken und berichtet seinem Herrn, was er gesehen und gehört hat. Der wundert sich sehr und lässt in der Nacht zwei Diener Wache halten. Wieder erscheint die Gestalt und fragt dieselben Fragen. Die Diener fürchten sich so, dass sie in der folgenden Nacht nicht mehr wachen wollen. So setzt sich der Graf selbst vor den Spiegel mit seinem Degen in der Hand und wartet.

Um elf Uhr kommt die Gestalt wieder zum Spiegel und spricht: „Grüß Gott, Spiegel an der Wand. Ich danke dir für deine Hilfe. Wo ist mein armer Bruder?"

„Er liegt im Turm ganz unversehrt."

„Wo ist mein Ebenbild?

„Es hängt im Rauch ganz unvermählt."

„Wo ist das alte Kammerweib?"

„Heut schläft sie nicht an des Herren Seit!"

Die Gestalt wendet sich um und sagt: „Wenn ich heut oder morgen nicht erlöst werde, bin ich auf immer und ewig verloren!" Da schlägt der Graf den Spiegel mit seinem Degen in Trümmer und auf einmal steht die Schwester da mit einer Schramme im Gesicht. „Was soll das alles bedeuten?", fragt der Graf wütend. Das schöne Mädchen erzählt ihm alles, von den unsichtbaren bösen Frauen, von den Ästen, die ihr Gesicht zerkratzten, von dem See, in den sie hineingestoßen wurde. „Wenn du mich heute nicht erlöst hättest, wäre ich auf immer verloren gewesen."

Der Herr schloss seine richtige Braut in die Arme, der Bruder wurde aus dem Turm befreit und wie das eigene Kind behandelt, die Hexe brannte auf dem Scheiterhaufen. Dann feierten sie eine prächtige Hochzeit und alle waren glücklich. Und wenn sie nicht gestorben sind, dann leben sie noch heute.

Ohne Ort.
ZA 202 853

DIE ZWÖLF BRÄUTE

Ein ehrsamer Ritter lebte mit seiner Frau und ihrem einzigen Sohn auf einer stattlichen Burg und sie hatten keine Sorgen. Doch als der Knabe zwölf Jahre alt war, starb sein Vater und seine Mutter zog voll Trauer mit ihrem Kind in eine weltabgeschiedene Burg mitten in einem See.

Das Kind war still und in sich gekehrt, wurde immer schöner und klüger, aber auch bleicher und zurückgezogener. Sein Lieblingsplatz war das Zimmer mit der schönsten Aussicht auf den See. Dort konnte es träumen.

Als der Junge 24 Jahre alt war, drängte ihn seine Mutter, eine Braut zu wählen, zu heiraten, Kinder zu bekommen. Das Leben auf der Burg war ihr zu einsam geworden.

So vor sich hinträumend, lehnt er eines Nachts am offenen Fenster, beobachtet den Mond, wie er sich im Wasser spiegelt, und denkt dabei an eine Frau, an eine Gefährtin, wie sie aussehen sollte, wie sie ihm Freude schenken könnte. Betrübt geht er zu Bett, ohne das Fenster zu schließen. Da sieht er einen lichten Schein am Fenster, spürt einen leisen Windhauch, kann aber nichts Deutliches erkennen. Gerade will er wieder einschlafen, da rauscht der Bettvorhang auf, ein Mädchen, eine Frau, ein göttliches Wesen mit seidenen Haaren, mit leichten Schleiern bekleidet, steigt zu ihm ins Bett, schmiegt sich an ihn, liebkost und liebt ihn bis zum frühen Morgen. Bei Sonnenaufgang ist das Traumbild verschwunden. Doch er hört immer noch ihre Stimme: „Ich komme wieder!“ Jede Nacht kommt nun eine bildschöne Frau zu ihm, aber er kann nicht sagen, ob es immer dieselbe ist.

Jetzt denkt er ans Heiraten, jetzt gleich will er sie haben, sie soll sich doch bei Tag zeigen, sich der Mutter vorstellen, die ohnehin schon so lange drängt, und wenn sie auch arm wäre, er will sie zum Altar führen und immer bei ihr bleiben. Sie aber sagt: „Ich kann dich nicht heiraten, wie es bei euch der Brauch ist. Lass mich dein Weib sein, wie ich es bisher war!"

Unterdessen hat die Mutter eine Braut ausgesucht, die er unbedingt schnell heiraten soll. Er schaut sie an, sie aber lässt ihn ganz kalt. Abends, wenn er ins Bett geht, hört er sein geliebtes Wesen seufzen.

So kommt die Hochzeit heran. Am ersten Tag wird getanzt, am zweiten gegessen, am dritten Tag wird die Braut in sein Schlafgemach geleitet. Die Vorhänge am Himmelbett rauschen auf, die Braut erschrickt, soll aber als erste das Bett besteigen. Der Bräutigam lacht und legt sich auf das Lager. Aber zwischen ihm und der Braut liegt unsichtbar eine fremde Frau, die Wasserfrau. Von eisigem Atem angeweht, weicht das Mädchen an den äußersten Rand des Bettes. So geschieht das jede Nacht. Die Braut härmt sich ab und stirbt noch vor Jahresfrist als Jungfrau.

Die Mutter sucht weitere Bräute aus, elf an der Zahl, ihnen ergeht es wie der ersten, sie alle sterben, bevor ein Jahr um ist. Nur die zwölfte Braut ist klüger. Sie holt sich Rat bei einer Hexe. Die sagt ihr das Geheimnis von den Wasserfrauen: „Sie sind schuld am Tod der anderen Bräute. Ein Mensch ist ihr Vater, die Wasserfrauen sind ihre Mütter. Sie sind nicht Mensch und nicht Geist, aber sie können sich durch die Liebe eines Mannes auf weitere 300 Jahre Schönheit und Jugend erkaufen." „Wie kann ich mich denn vor ihnen schützen?", fragt die zwölfte Braut. „Geh nicht vor dem Ende der Geisterstunde in das Brautgemach. Dein Mann wird um Mitternacht meinen, es ziehe ihn bei den Haaren hin zum Bett, aber bleibe standhaft

und sieh zu, dass das Fenster zum Wasser ganz fest geschlossen ist, damit die Geisterfrauen nicht herein können. Es wird ein Klagen und Heulen sein und er will hinaus, in den See springen. Aber nimm diese Kräuter hier und wirf sie unters Bett, sag einen Zauberspruch dazu, öffne die Vorhänge nicht und besteige nicht das Bett vor deinem Mann, sonst haben die Wasserfrauen wieder Gewalt über ihn. Und noch etwas: Sprich mit keinem Menschen darüber, sonst ist alles umsonst!"

Der dritte Hochzeitstag bricht an, das Fest erreicht seinen Höhepunkt. Gegen Mitternacht wird der Bräutigam immer unruhiger: es hatte ihn schon angewindet. Er will fort, aber die Braut lässt ihn nicht, bis Mitternacht lange vorüber ist. Dann endlich öffnet er die Bettvorhänge, da seufzt es zwölfmal aus den Kissen. Die echte Braut spricht heimlich ihren Zauberspruch, legt die Kräuter unters Bett und beginnt, mit ihrem Mann zu beten. Seit zwölf Jahren hat der nicht mehr an Gott gedacht. Da hören sie wilden Gesang vom See her und das Brausen des Wassers, das immer höher steigt und schon am Fenstersims leckt. Aber die Nacht ist gewonnen und der Friede eingekehrt für immer.

Nach einem Jahr kommt ein Sohn zur Welt, und der Jubel ist groß. Die Hexe aber hatte geraten: „Gib dein Kind nicht vor dem zwölften Tag aus der Hand, in der Zahl Zwölf liegt Gefahr." So wird das Kind am dreizehnten Tag getauft. Während der Taufe aber sind Kinderstimmen zu hören: „Ich möchte auch, ich möchte auch!", aber keiner kann etwas sehen.

Jedes Jahr kommt nun ein Kind zur Welt und immer lassen sich die zarten Stimmen wieder hören. Beim zwölften Kind nimmt sich die Mutter ein Herz und ruft: „Wenn ihr wollt, so kommt hervor!" Da erscheinen zwölf wasserfarbene Kinder in der Taufkapelle, bleich aber schön, mit Seidenhaaren, die Füße verbunden. Der Graf erschrickt zu Tode, der Priester aber tauft eines nach dem anderen.

Danach sank jedes von ihnen tot zusammen. Das zwölfte Kind aber sagte vor seinem Tod: „Ein Mensch ist unser Vater, zwölf Wasserfrauen sind unsere Mütter. Jetzt sind wir erlöst von dem Bann, denn die Wasserfrauen haben sich durch die Liebe zu eurem Vater weitere 300 Jahre Jugend und Schönheit erkauft."

Ohne Ort.
SSO 2, S. 203–206

Wasserfräulein, Nixen sind anmutige, verführerische Wesen
mit seltsamen blauen Augen und blonden Haaren.
Die Binden an den Füßen verbergen die Schwimmhäute,
das Zeichen der Nixen.
Sie trachten nach der Liebe schöner Männer
und ziehen diese entweder zu sich ins nasse Element hinab
oder sie wohnen mit ihnen. Ein Menschenalter lang suchen sie
Jugend und Schönheit auf der Erde, denn sie müssen sonst nach
einer festgesetzten Zeit sterben, wenn sie nicht ein
Menschenmann durch seine Treue erlöst.

NICHT ZORNIG WERDEN

Ein Vater hatte drei Söhne, Bauernburschen alle, der Jüngste allerdings ein wenig däppisch. Wie sie so langsam erwachsen wurden, sagte der Ältere: „Du, Vater, gib mir mein Heiratsgut, ich möchte in die Welt ziehen und schauen, was da draußen los ist." Der Vater gab ihm ein Säckchen Geld und sagte: „Mach's gut, mein Sohn, ich wünsche dir Glück!"

Der Sohn geht fort und kommt irgendwann zu einem Pfarrer, der einen Knecht sucht. „Machst du meinen Knecht?" „Ja", sagt der Junge. „Was soll ich tun?" Darauf antwortet der Pfarrer mit einem Seitenblick auf das Säckchen Geld: „Du, horch, wir machen zuerst eine Wette. Wer sich am ersten ärgert, bekommt das Geld vom anderen. Ich stelle genau so viel Geld hierher, und wenn du dich ärgerst, bekomme ich dein Geld, und wenn ich mich ärgere, kriegst du mein Geld."

Am nächsten Tag stehen zwei Ochsen bereit, mit denen soll er ackern. Der Junge will die Ochsen anschirren und mit ihnen aufs Feld gehen, aber die sind so dumm, können nicht einmal ‚Wist' und ‚Hott' unterscheiden, das heißt links und rechts. „Ärgerst du dich vielleicht?", sagt der Pfarrer, als er am Abend das schlecht geackerte Feld sieht und den Jungen zur Rechenschaft zieht. „Ja, da sollst du dich nicht ärgern", schimpft der Junge los. Und schon hat er sein ganzes Heiratsgut verloren. Er geht heim und ist sehr traurig, dass er an den Pfarrer sein ganzes Erbe verloren hat.

Kommt der mittlere Sohn zum Vater: „Vater, gib mir mein Heiratsgut, ich möchte in die Welt ziehen." „Ach", sagt der Vater, „pass auf, dass es dir nicht genauso ergeht wie deinem Bruder!"

Der Mittlere zieht los, kommt zu demselben Pfarrer, denselben dummen Ochsen, ärgert sich genauso und ist am Abend genauso betrogen wie sein Bruder. Er kommt heim, noch trauriger, weil sein ganzes Geld verloren war.

Nach wieder einem Jahr kommt der Jüngste. Er ist etwas zurückgeblieben, langsamer, verlacht und verspottet, nicht fähig, irgendetwas Gescheites zu tun. „Vater, gib mir mein Heiratsgut, ich möchte auch in die Welt gehen!“ „Du, wenn deine zwei Brüder schon so viel Unglück hatten, dann brauchst du gar nicht erst losziehen. Komm, bleib daheim!“ – „Nein, Vater, ich möchte in die Welt ziehen.“ Und so bekommt auch er seinen Anteil vom Heiratsgut, zieht los, kommt zum selben Pfarrer, geht dieselbe Wette ein, bekommt dieselben dummen Ochsen, geht am nächsten Tag zum Ackern aufs Feld, stellt fest, dass die Ochsen zu blöd sind, legt sich in eine Furche und lässt die Ochsen Ochsen sein.

Abends kommt der Pfarrer. „Was ist denn da los? Du bist doch mein Knecht, ich habe dich angestellt und du liegst da und schläfst?“ „Ach, Herr Pfarrer, die Ochsen waren so müd und so faul, ich habe sie einfach ziehen lassen.“ Der Pfarrer fängt zu wüten an: „Du glaubst doch nicht, dass ich dich deswegen angestellt habe?“ – „Ärgern Sie sich vielleicht, Herr Pfarrer?“ – „Nein, nein, ich ärgere mich ja gar nicht!“

Am nächsten Tag denkt sich der Pfarrer: ‚Das muss ich anders machen mit dem, der ist schlauer.‘ Er kommt mit einer Herde Schweine daher. „Hüte meine Schweine!“ Gut, der Junge zieht mit den Schweinen los und führt sie in eine etwas sumpfige Wiese, legt sich nieder an den Rain und lässt die Schweine fressen. Da kommt ein Viehhändler vorbei. Der Junge wacht auf, ruft den Viehhändler herbei und sagt zu ihm: „Du, horch mal, magst du mir meine Schweine abkaufen?“ „Ja“, sagt der, „das sind freilich wunderbare Schweine! Was willst du dafür haben?“ Sie machen einen guten Preis aus und der Handel wird abgeschlossen. „Bloß eines noch“, sagt der Junge: „Ich brauche nur von einem Schwein das Schwänzchen.“ Darauf schneiden sie einem Schwein das Schwänzchen ab und der Viehhändler zieht mit seinem neuen Kauf glücklich ab.

Der junge Bauer steckt das abgeschnittene Schwänzchen in die benachbarte Wiese, es war dort sumpfig und nass, und da schaut jetzt dieses Ringelschwänzchen heraus. Am Abend kommt der Pfarrer. „Wo sind denn meine Schweine?“ Der Junge sagt scheinheilig: „Das weiß ich nicht, die waren immer da, ich weiß nicht, wohin sie gegangen sind.“ Wütend erwidert der Pfarrer: „Vielleicht suchst du sie mal, ich will meine Schweine wieder!“ „Gehen Sie doch einmal mit, Herr Pfarrer, es kann nämlich durchaus sein, dass die Schweine in die nasse Wiese gegangen sind. Und das ist gefährlich!“ Der Pfarrer geht mit und da sehen sie schon das Schwänzchen aus der Wiese herausschauen. Der Pfarrer will es herausziehen: Es ist aber kein Schwein dran! „Um Gottes Willen! Sind denn die alle schon versunken, alle schon verkommen und verfault, meine teuren Schweine?“ – „Ärgern Sie sich vielleicht, Herr Pfarrer?“ Der Pfarrer überschlägt ganz schnell, dass er immer noch den größeren Gewinn hat. „Nein, nein, ich ärgere mich nicht.“ Aber er weiß, dass er mit dem Burschen ganz anders umgehen muss.

Es wird Sonntag. Am Abend vorher sagt der Pfarrer zu dem Jungen: „Pass mal auf, bei uns im Garten geht immer etwas um, da raschelt etwas und man hört Schritte in der Nacht. Geh doch heute Nacht in den Garten und halte Wache. Hier hast du einen dicken Prügel, und wenn du etwas hörst, dann sag: Wer da? – Wer da? – Wer da? Und wenn er nichts sagt, dann hau zu, aber richtig!“ „Ist schon recht, Herr Pfarrer.“ Doch der

Pfarrer sagt in der Küche zu seiner Köchin: „Wir müssen den Burschen ausprobieren. Geh doch bei der Nacht in den Garten und mach ein bisschen Lärm.“ So geschieht es. Die Köchin geht in den Garten und der Bauernbursche auch. Die Köchin kramt geräuschvoll herum, da schreit der Junge: „Wer da? – Wer da? – Wer da?“, die Köchin bringt vor Angst kein Wort heraus, da nimmt der Junge den Prügel und haut die arme Köchin grün und blau, so dass sie bewegungslos im Garten liegen bleibt.

Am nächsten Tag ist Sonntag. Großes Fest. Der Pfarrer sucht die Köchin, sie sollte doch schon längst aufgestanden sein. Aber keiner weiß, wo sie ist. Am Ende finden sie die arme Köchin im Garten grün und blau geschlagen, nicht fähig, sich auch nur zu bewegen. Sie tragen sie ins Haus und der Pfarrer ärgert sich unendlich, sagt es aber nicht. „Du“, sagt er zu dem Jungen, „du hast gestern meine Köchin schlecht behandelt. Jetzt brauche ich jemanden, der heute kocht. Die anderen Pfarrer kommen zu Mittag alle zum Essen her. Schau, da ist der große Kessel, da ist Fleisch. Du machst Feuer, siedest das Fleisch und machst eine schöne Suppe. Und: Vergiss ja nicht, Peterl und Porree rein zu tun.“ – „Ja, Herr Pfarrer, das mache ich.“

Der Pfarrer geht in die Kirche und der Junge in der Küche fängt an einzuheizen. Als das Wasser siedet, legt er das Fleisch hinein. „Was hat der Pfarrer gesagt, soll ich nicht vergessen? – Peterl? Ja wo ist denn der Peterl?“ – Kommt der Kater daher und schaut den Jungen zutraulich an. Dieser Kater hat Peterl geheißen! Der Junge packt den armen Kater und versenkt ihn in der kochenden Suppe. – „Was hat er noch gesagt? Porree? Ja, wo ist denn der Porree?“ Derweil kommt der Hund daher und wedelt mit dem Schwanz. Auch er landet im Suppenkessel. Deckel zu.

Mittags kommen die Geistlichen alle und freuen sich auf das Essen. Der Pfarrer hebt den Deckel hoch, da sieht er die abgekochten Gebisse seiner beiden Haustiere! Du lieber Gott! Hat der gewütet! – „Herr Pfarrer, ärgern Sie sich vielleicht?" „Ja", sagt der, „da soll man sich nicht ärgern! Du bist doch der Allerausgefeimteste!" – „So", sagt der Junge, „jetzt haben Sie die Wette verloren und jetzt geben Sie mir meinen Anteil zurück!" – „Da hast du dein Sackerl Geld!" „Nein, Herr Pfarrer, nicht nur mein Sackerl Geld, ich will auch die beiden Säcke von meinen Brüdern haben und Ihren Gegeneinsatz! Das will ich alles haben!"

Darauf musste der Pfarrer tatsächlich drei Säcke Geld und noch einmal zwei Säcke dazu herausrücken, und der Junge ging schwer beladen mit seinem Goldschatz heim. Jetzt wussten alle, dass er wirklich nicht der Dümmste war.

Ohne Ort.
ZA 203 002

Ein Schwank, wie dieser hier, ist eine lustige, unglaubwürdige Geschichte

DER GEPRELLTE MANN

(ORIGINALTITEL: DER SCHLAUE MANN)

Eine Bäuerin hatte neben ihrem Mann noch einen Liebhaber, der dem Bauern viel Ärger machte. Es war der Bäcker im Dorfe. Der Bauer grübelte hin und her, wie er der Sache ein Ende bereiten könnte. Einmal sagte er zum Weib: Morgen muss ich über Land und ein paar Ochsen kaufen.

Der Bauer geht fort und der Bäcker kommt flink zur Bäuerin. Da wird gekocht und gesotten und als der Abend kommt, erscheint ein zerlumpter Bettelmann, der um Herberge nachsucht. „Kannst ruhig bleiben an dem warmen Plätzchen hinter dem Ofen!“, sagt die Bäuerin.

Der Bettelmann, der niemand anders als der Bauer war, schleicht in der Nacht hinter dem Ofen hervor, holt ein Töpfchen heißes Schmalz, geht in die Kammer und schüttet das Schmalz dem schlafenden Bäcker in das offene Maul. Dann geht er wieder fort.

Früh morgens kommt der Bauer wieder und findet den toten Liebhaber im Bett. Er verschwört sich mit seinem Weib, den Toten zu verheimlichen. Am Abend bindet er den Toten in eine Schütte Stroh, trägt ihn fort und stellt ihn dem Schuster, seinem Nachbarn, vor das Fenster. Der Schuster sieht den Bäcker zum Fenster hereinschauen und weil er sich nicht bewegt oder fortgeht, nimmt er den großen Hammer und schlägt ihn zu Boden.

Am anderen Tag zieht der Schuster auf den Jahrmarkt. Er hat einen blinden Gaul, auf den setzt er den toten Bäcker, bindet ihm die Füße unter der Satteldecke zusammen und so reiten sie zum Markt. Auf dem Markt schreit ein Hafner schon von Weitem: „Reit' nicht in mein Geschirr!" Der blinde Gaul aber geht geradeaus mitten in die Töpfe. Der Hafner wird fuchsteufelswild, nimmt einen Topf und wirft ihn dem Reiter an den Kopf, dass er vom Pferde fällt.

Später hieß es, der Hafner habe den Bäcker mit dem Topf erschlagen. Der Bauer und der Schuster aber kamen ohne Strafe davon.

Parkstein.
ZA 203 296

DER STARKE HANS

(ORIGINALTITEL: DER GROSSE HANS)

Ein Bauer hatte zwei Söhne, einen gescheiten und einen Dummkopf. Dessen Name war Hans. Als dieser geboren war, sagte der Bauer zu seinem Weib: „Lass ihn sieben Jahre saugen, den Hans!" Das geschah so und als der Hans sieben Jahre alt war, ließ ihn der Bauer einen Baum ausreißen und heimbringen. Dem Vater war aber der Baum zu klein, deshalb sollte ihn die Mutter noch einmal sieben Jahre an der Brust nähren. Als auch diese Zeit um war, sollte der Hans einen schweren Sägebaum bringen. Jetzt war der Junge stark genug, den Wunsch des Vaters zu erfüllen. Er sagte zu seinem Weib: „Jetzt kannst du ihn abstillen."

Einmal wollte der Bauer ackern, da spannte er seine beiden Söhne vor den Pflug. Der Hans war aber seinem Bruder immer voraus. Er stieß ihn weg, dass der zurückblieb und zog allein.

Da kommt ein feiner Herr mit seiner Kutsche des Weges. Er sieht den Hans vor dem schweren Pflug und fragt den Vater, ob er den starken Jungen nicht kaufen könnte. Der Vater willigt ein, sagt aber: „Ich weiß nicht, was ich für ihn verlangen kann." – „Ich gebe dir dafür meine zwei Pferde von der Kutsche und einen Sack Gold." – „Meinetwegen, wenn es dem Hans auch recht ist!"

Dem Hans ist es schon recht und der Herr spannt ihn gleich vor den Wagen. Dann fragt er ihn, wie er ihn nennen solle, Hans oder Hansl. „Ist mir gleich. Ich höre überall." – „Kannst du laufen?" – „Ja freilich kann ich laufen!" – „Dann lauf!"

Da läuft der Hans immer schneller. Der Herr aber ruft ihm zu: „Hansl steh!" Der Hansl fährt aber nur geschwinder und der

Herr schreit immer lauter: „Hansl halt ein, sonst ist alles hin!" Der Hansl aber hört nicht und bald fliegt ein Rad, dann das andere, dann der Kasten. Der Hans geht nur mehr vor den zwei vorderen Rädern, zuletzt nur mehr an der Deichsel. Da muss ihm der Herr nachlaufen, aber der Hans muss lange warten, bis er nachkommt.

Jetzt sind sie bei dem Haus des feinen Herren. Seine Frau war schon voller Sorge, welchen neuen Knecht ihr Mann mitgebracht habe. Am nächsten Morgen befiehlt der Herr dem Hans, mit zwei Pferden ins Holz zu fahren. Alle Knechte sind am Morgen schon weg, nur der Hans bleibt liegen und will auch nicht aufstehen, bis man ihm nicht einen großen Hafen voll Knödel bringt. Die verzehrt er und dann fährt er los. Auf dem Weg begegnen ihm die anderen Knechte schon auf dem Heimweg mit ihren holzbeladenen Wagen. Sie sind noch nicht weit vor ihm weg, da verrichtet er seine Notdurft in der Wagenspur in einem Hohlweg so stark, dass die Knechte in dem Haufen stecken bleiben.

Er holt nun seine Ladung Holz und will wieder heim. Da kommen seine Pferde nicht über den Haufen hinüber, so arg er sie auch antreibt. Er schlägt den einen Gaul nieder und, da der zweite jetzt noch weniger den Wagen hinüberbringen kann, auch diesen und wirft die Pferdeleichen auf den Wagen hinauf. Ein Wolf kommt herangesprungen und will das Aas rauben. Auch diesen schlägt der Hans tot und wirft ihn zu den Pferden hinauf. Dann spannt er sich selber vor den Wagen und zieht ihn allein heim.

Da wird die Frau wegen der verlorenen Pferde zornig und böse und zankt mit ihrem Mann. Der aber befiehlt dem Hans: „Du, ich gehe jetzt ins Wirtshaus. Wenn es spät wird, kommst du und leuchtest mir mit der großen Laterne heim."

Als es schon dunkel ist, zündet der Hans den Stadel an. Das Feuer gibt einen großen Schein, und der Herr kommt in Angst gelaufen. Der Hans ist sich jedoch keiner Schuld bewusst, denn er sollte ja mit der großen Laterne leuchten.

Nun ruhte die Frau nicht eher, bis ihr Mann versprach, den Hans zu entlassen. In der Nähe war ein tiefer Brunnen, der lange nicht gebraucht war und ohne Wasser stand. Diesen sollte der Hans reinigen. Er stieg also hinunter. Die Leute, die oben geblieben waren, warfen große Steine auf ihn hinunter, um ihn zu töten.

Der Hans aber ruft hinauf: „Da müssen Hühner oben sein, die kratzen und scharren den Sand herunter!“ – Darauf werfen sie einen schweren Mühlstein hinunter. Der fällt aber so, dass er dem Hans als Halskrause dient.

Die Leute wissen nicht mehr ein noch aus, da fällt ihnen ein, dass in der Nähe eine Mühle steht, in der es spukt und in der es niemand aushalten kann. „Geh zur Mühle und mahle dort das Korn!“

Als es Mitternacht schlägt, klopft es. „Herein“, ruft der Hans. Da kommen zwölf wilde Gesellen herein. Sie setzen sich an den Tisch und fangen an, Karten zu spielen. Der Hans schaut ihnen zu und sieht, dass sie sich im Spiel gegenseitig betrügen. Er nimmt einen davon am Schlafittchen, trägt ihn in die Mühle hinunter und schleift dem Geist auf dem Mühlstein den halben Hintern ab. So trägt er ihn wieder hinauf und setzt ihn wieder hin. Wie das die anderen sehen, laufen sie alle fort, der mit dem halben Hintern auch. Am nächsten Morgen bringt der Hans sein Mehl richtig heim.

Voller Verzweiflung schicken sie ihn zur Hölle, er soll dort ein Scheffel Geld holen, das die Teufel schuldig sind. Der Hans geht zur Hölle und verlangt für seinen Herrn den Sack voll

Geld. Die Teufel aber weigern sich standhaft, bis der mit dem halben Hintern herangelaufen kommt. „Mit dem ist nicht gut Kirschen essen", sagt er, „mit dem könnt ihr nicht verhandeln! Schaut nur, was er mit mir gemacht hat!"

Der Hans bekommt sein Geld und geht fort. Ein kleiner Teufel rennt ihm nach und fordert ihn zu einer Wette auf: „Wollen wir wetten, wer auf einem Höllhorn am stärksten blasen kann? Hier habe ich einen Sack Geld. Wer gewinnt, soll beide Säcke behalten!" Dem Hans ist das recht. Da bläst der Teufel ins Höllhorn, dass die ganze Welt erzittert. Bevor aber der Hans das Horn nimmt, bückt er sich um eine starke Wurzel, die er ausreißt. „Wozu brauchst du die Wurzel?", fragt der Teufel. „Damit ich das Horn schnüre und binde. Denn, wenn ich blase, wird es zerspringen von meiner Gewalt."

Da ließ ihm der Teufel seinen Geldsack, froh, dass er ohne Schaden weglaufen konnte. Am Ende hätte er gar nicht mehr in die Hölle zurückgedurft.

Der Hans trug nun die beiden Geldsäcke zu der Frau hin. Diese aber schickte ihn heim, bloß damit der starke Hans wegging. Seitdem war der starke Hans wieder zu Hause.

Bernried.
ZA 202 105

Ein Kind, manchmal unnatürlich geboren
oder aufgezogen, entwickelt übergroße Stärke.
Es wird davongejagt, gewinnt alle Kraftproben und kommt
schließlich als Sieger wieder zu seinen Eltern zurück bzw.
heiratet die Prinzessin.

DIE UNHEIMLICHE MÜHLE

In einem finsteren Wald stand eine Mühle. Der alternde Müller hatte ein junges Weib genommen. Die Müllersleute waren zwar reich, doch auf der Mühle lag kein Segen. Kein Müllersknecht konnte sich halten: am zweiten oder dritten Morgen lag er tot beim Beutelkasten. So ging es weiter, bis auch der zwölfte Geselle sein Leben gelassen hatte.

Da kommt nach einiger Zeit ein alter Mühlknecht und bittet um Arbeit. Der Müller schenkt ihm reinen Wein ein, berichtet von den rätselhaften Vorkommnissen und dass jeder neueingestandene Knecht nach ein paar Tagen tot in der Mühle liege. Der alte Bursch aber lässt sich nicht abschrecken und sagt: „Ich bin nicht mehr jung und möchte meinen letzten Dienst antreten." Er bekommt die Arbeit und bleibt in der Mühle.

Am zweiten Tag nimmt er sein Beil, schleift es messerscharf und stellt sich damit, sobald es Nacht geworden ist, hinter die Tür. Um Mitternacht geht die Tür von selber auf und herein spazieren nacheinander zwölf Katzen. Die dreizehnte macht grelle Augen, springt ihn an und will ihn erdrosseln. Der neue Knecht ist nicht faul, er schlägt der Katze mit dem Beil die Pfote ab und geht ins Bett.

Am dritten Tag schaut der Müller nach seinem Knecht, ob er wohl noch am Leben sei. Da kommt die Magd gelaufen und berichtet, dass die Müllerin krank im Bett liege. Der Bader wird geholt und der stellt fest, dass der Müllerin die Hand abgehauen worden ist.

Jetzt wussten alle, dass die Müllerin eine Hexe war, die die zwölf Gesellen umgebracht hatte. Der dreizehnte war schlauer als die anderen.

Oberbernried.
Winkler 41

Mühlen waren für die Menschen stets von einem Geheimnis umgeben, auch weil sie meist weitab jeder Siedlung und an speziellen Wasserorten gelegen waren. Dass eine Mühle nur mit der Kraft des Wassers arbeiten konnte, erschien den Leuten unglaubhaft, es mussten Geister, Kobolde, Wassermänner u.Ä. dabei die Hand im Spiel haben. Das Müllerhandwerk gehörte auch zu den unehrlichen Berufen. Ein Müller, der besonderen Erfolg hatte, musste sich, so ging die böse Nachrede, für Reichtum und Glück mit dem Teufel eingelassen haben, daher konnte eine Wundermühle nur aus der Hölle kommen.

DER SCHATTEN DER SONNE

(IM ORIGINAL OHNE TITEL)

Als Sonne und Mond erschaffen waren, herrschte der Tod auf der Welt. Und als die beiden Gestirne erwachsen waren und hochstiegen, verjagten sie den Tod unter die Erde bis in alle Winkel hinein.

Aber der Tod vernichtete alles heimlich, was Sonne und Mond erschaffen hatten. Darüber kamen sie so sehr in Streit, dass beinahe die ganze Welt wieder zugrunde gegangen wäre. Und eine große Sintflut kam herein.

In den Bergen wohnten Riesen. Die trugen schwere steinerne Stühle zusammen, setzten sich darauf und hielten Rat. Aber sie konnten keinen Rat finden, bis schließlich ein kleines weißes Wiesel aus der Erde kroch und ihnen die Augen bedeckte. Dann wussten sie: Wir müssen den Tod anerkennen, gleichberechtigt neben Sonne und Mond.

Der Tod aber war mit dieser Entscheidung überhaupt nicht einverstanden. „Nein", sagte er, „ich will allein herrschen!" Darüber kam er so in Streit mit den Riesen, dass diese dem Tod, der damals noch ganz dick war, das Fleisch von den Knochen rissen.

Die Sonne hatte Mitleid mit dem Tod und warf ihm einen dunklen Schleier zu, damit er sich bedecken konnte und damit er geschützt war vor den Riesen.

Seitdem trägt der Tod den Schleier der Sonne und die Sonne wirft dunkle Schatten.

Ohne Ort.
SSO 3, S. 10

Ein ganz besonderes, mythisches
Märchen von seltener Kraft

KRÄNZELZAUBER

(ORIGINALTITEL: DIE ERLÖSTE PRINZESSIN)

Wenn morgens früh die Sonne kam, erschien in einem alten Waldschloss auf einem großen Stein ein Mädchen bleich und sonderbar. Das graue Mauerwerk hing da wie in einem Schleier, und wenn das Gesicht des Mädchens hervorlugte, war es wie ein Bild aus alter, reicher Zeit. Nicht jedermann konnte die schwebende Gestalt erkennen; wer sie aber sah, der war betroffen und er trug sie stets bei sich im Sinn.

„Das Fräulein oder was es sonst sein soll", sagt Hans, der Holzhauer, der im Wald herumhantiert, „gefällt mir nicht; es sitzt und lauert wie eine Spinne." „So", sagt sein Vater, „du siehst also das Fräulein! Siehst du es wirklich? Und kannst seiner noch spotten? Gib acht, dass dir die Hacke nicht ausrutscht!" Die Arbeit der beiden war Baumstöcke Roden, den ganzen Tag über. Und jetzt rücken sie dem Urgroßvater aller Stöcke und Klötze zu Leib. Sein Holz ist zäh und beinhart. Es fliegen die Äxte und graben eine tiefe Kluft. „Morgen wieder", sagen Hans und sein Vater und gehen.

Am nächsten Morgen kommen sie frühzeitig: „Schau!", sagt da der Vater, „Siehst du sie wieder?" „Ei ja!", murrt Hans. „Ich meine, unsere Arbeit von gestern ist alle verwischt, die Hexe da droben ist sicher dran schuld!" Und es schwingen die kräftigen Arme die Eisen, schwerer und stumpfer werden die Beile, als endlich der Abend kommt. Unverrichteter Dinge machen sich die Müden auf und gehen.

Als sie wiederkommen, sagt der Hans: „Heute geht es durch Sonnen- und Mondschein ohne Unterlass mit dem Drachen da zu Ende. Merkst du nicht, da wartet ein Schatz auf uns! Woanders sitzt ein Hund oder Bock auf der Hut, warum nicht einmal auch ein hübsches Gesicht. Der böse Feind macht allerhand Fratzen. Auf und dran in Gottes Nam." Von früh und über Mittag bis zum Abend erklingt der Axtschlag ununterbrochen und der Mondschein hilft, dass kein Unglück geschieht. Zuletzt tut sich in dem tiefen Loch vor ihren Augen eine Pforte auf, die offenbar in einen Keller führt.

Da drinnen ist es stockfinster. „Halt!", ruft der Vater und hält den Hans zurück. „Ich muss dir etwas sagen: Nimm einen Bissen Brot und die Axt mit, wenn du hinunterkriechst, und schweige, was immer dir begegnet!"

Hans verschwand und kam nach einiger Zeit leichenblass zurück. Er hatte einen glitzernden Kranz in der Hand. „Wie bist du zu dem steinernen Ding da gekommen?", sagte der Vater, er kannte den Wert der Edelsteine nicht. Hans verschnaufte und erzählte:

„Ich stieg in den Keller hinab, wie ein Maulwurf fort und fort. Nach einer Weile dämmerte durch die Finsternis ein fernes, bleiches Licht und winkte. Ich schauderte, tappte aber weiter. Ich kam an eine Wand, ich glaubte, sie glühe und war doch kalt, von Eis vielleicht oder Katzengold. Lange zauderte ich. Es regte und rührte sich nichts.

Erst klopfte ich leise und horchte, dann heftiger, ich horchte wieder, zuletzt brach ich mit einem starken Axtschlag eine Öffnung in die Wand. Kaum klirrten die Scherben, füllte ein riesiger hungriger Rachen das Loch. Heilige Gottesgabe, flehte ich in innerster Seele, vertreibe den Hund! Ich nahm mein Brot und warf es in den gierigen Schlund. Gleich danach verschwand das Ungetüm.

So spähte ich in das Fenster und erkannte eine Kammer. In der Mitte stand ein roter, runder steinerner Tisch, darauf lag ein Kranz, dieser da. Hellllicht, wie aus einer Lampe von lauter Abendsternen kam davon aller Glanz und Strahlenschimmer. Zuerst hielt ich die Höhle für eine Kapelle, aber sie war doch nichts weiter als eine Schmiede, die Werkstatt wohl für den alten Bergschmied und seine Knappen. Blasebälge, Amboss, Hammer und Zangen lagen am Boden, dickköpfige, krummbeinige Bärenhäuter. Gestalten wie Zwerge, nicht größer als mein Axtstiel, saßen mit dem Rücken zur Wand herum und schliefen, die Köpfe zwischen den Knien oder auf die Fäuste gestützt. Einer, und das war wohl der Meister, saß und schlief auf einem Steinsitz und hatte einen Bart wie einen Rossschweif.

Anfangs rief ich leise: Pst! pst! und horchte und hoffte, sie schnarchen zu hören. Dann quakte ich laut wie ein Frosch, endlich warf ich Kiesel nach ihnen. Sicher traf ich bald diesen, bald jenen, aber ebenso gut hätte ich einen Stein auf den andern geworfen, es rührte die Schläfer nicht. Ich wollte sehen, ob in der Gruft noch Leben sei, und kroch durch das Pförtlein. Ich zupfte einen um den andern an der Nase, am Bart und hob den Rossbärtigen vom Sitz auf. Als ich aber sah, dass mich keiner störte, suchte ich nach tausenderlei kostbaren Sachen, die vielleicht in Kisten und Kasten versteckt waren, und rechnete mir schon aus, wenigstens ein Königreich auf und davon zu tragen. Wohl

fand ich die Truhen voll angeschoppt, aber wenn ich hineingriff und die Hand wieder herauszog, war sie rußig und ich hatte statt Gold ein Stück Kohle. Ich fühlte mich gefoppt, warf erbost alles drüber und drunter und ging.

Als ich schon eine Strecke Weges und wieder in dem finsteren Gang war, wollte ich umkehren und die Lampe vom Steintisch als Laterne holen. Ich dachte es und tat es. Das Licht blitzte um mich her, es gefiel mir so sehr, dass ich Ruhe! schrie. Das hätte ich bleiben lassen sollen: es war wie ein Funke aufs Zündkraut. Hinter mir drein, Gott steh mir bei! kam eine Hölle voll Teufeln auf Flügeln und Hufen mir nach, ich lief um mein Leben, hörte jetzt den Knochenmann die Sense wetzen, ich dachte, meine letzte Stunde sei gekommen.

Zum Glück erreichte ich den Ausgang, das himmlische Morgenlicht löschte hinter mir das ganze Grauen aus und die finsteren Mächte waren gebannt."

„Viel Müh und Plage um nichts", sagt der Alte „Ja, so ist das immer mit uns Armen. Wir haben immer das Nachsehen." Die Männer stecken die Köpfe zusammen und trauern. „Mir den Kranz!", flüstert da eine Stimme. Sie schauen auf und erschrecken, das Fräulein steht leibhaftig vor ihnen. Hans selber reicht ihm willig die verachtete Gabe und versinkt in mürrischem Brüten. „Steht auf und schaut euch um!", ruft da das Fräulein hell, den Kranz in der linken Hand. „Tage des Lebens, der Jugend und des Jubels!", frohlockt es. „Ihr seid wieder da!"

Hans und sein Vater rieben die Augen, als sie alles um sich her blühend verwandelt sahen. Sie konnten es nicht glauben, meinten, es hätte sie die Hexe verzaubert. „Das Glück ist ein Riese, faul im Dienste der Armen, steht er ungern auf, aber jetzt hat er sich erhoben. Dieses Schloss, herrlich und wieder jung, diese Gärten, Wiesen, Felder und Wälder sind mein!", jubilierte das Fräulein. „Hans! Alles, was hier wieder auferstanden ist und wie nach einem langen Winter wieder lebt, ist dein Werk! Das dank ich dir, dir allein, Hans! Kein Fürst vermag es dir gleich zu tun. Kommt mit mir, alles Elend ist vorüber!" Dem Hans flimmerte es grün und blau vor den Augen und nur mit Widerstreben und bangen Befürchtungen folgte er der Gebieterin ins Schloss.

Hier vergaßen er und sein Vater bald alle Bedenken und Zweifel. Herr Hans! so nannte ihn die gesamte Dienerschaft und den Alten gar den Herrn Papa. Das Fräulein, immer freundlich und holdselig, tanzte und sang und schlug die Laute zum Entzücken, und ehe ein Monat oder Jahr vorbei war, tauschte es mit dem Herrn Hans die Ringe am Altar.

Der Vater allein schüttelt den Kopf und fürchtet oft, wenn er nachts zu Bett geht, ob er morgens nicht auf einem Reisighaufen erwachen wird, darum nimmt er sich einmal das Herz und sagt zu seiner Schwiegertochter: „Das Ding mit dem Kranz lässt mich nicht ruhen, es geht mir im Kopf herum, wie eine Grille, die Tag und Nacht singt." Sie antwortet darauf:

„Ich muss mich weit zurückbesinnen. Als mich die Mutter gebar und darüber starb, war mein Vater, der Herr dieser Länderei, tief betrübt und zudem ärgerlich, weil das Kind sein Erbe und noch dazu ein Mädchen war. Er ließ die Wahrsager kommen und befragte sie um mein Geschick. Diese lasen in den Sternen und prophezeiten: Viele Freier würden kommen und um mich werben, aber mir fielen alle Hochzeitskränze vom Kopf, und alle Werber würden verscheucht werden, weil um mich eine unsichtbare dunkle Wolke schwebe. Als ich das Alter erreichte, wo Kindern der Zauber der Märchen über alles geht, erzählte meine Amme tausenderlei Dinge, von Riesen und Zwergen auch, und dass diese überaus kunstreichen Schmiede Kränze für Bräute machten, wundervoll und von unbezahlbarem Wert und Preis.

Von jetzt an waren die Zwerge für mich Götter, kindische Eitelkeit macht Mut. Ich ging und kam zu den Zwergen. Sie nickten zu meinem Verlangen und sagten: ‚Komm dereinst wieder, wenn du bräutlich blühst und du den Preis bezahlen kannst.' Was hab ich getan! Ich wusste es nicht: Wenn ein Mädchen zu den Zwergen geht und sich um den Brautkranz verpfändet, blüht kein Kranz mehr für alle anderen Freier. Niemand wusste, dass ich zu dem Zwerglschmied gegangen bin, außer meinem Vater. Er ließ große Bäume pflanzen und den Eingang zu den Gnomen überwurzeln.

Ich wuchs heran und eine große Zahl von Freiern warb um mich, aber jetzt wurde es klar, dass ich im Bann der Zwerge war, und ich war der der Schrecken aller Männer. Der Vater grämte sich zu Tode. Alles um mich herum verödete, mein Herz und Leib verfiel in Eis, kein Frühling mehr zog das Winterkleid von meinen Gliedern. Nur dass er wieder kommen und dann vergehen werde, träumte ich. Die Hoffnung hat mich nicht getäuscht. Die Zwerge, die mich an der Angel hatten, hatten keine Macht über mich, denn ich kam nicht wieder, das Pfand einzulösen. Ich hatte sie um den Preis betrogen. Das Reich der Zwerge zerfiel und verging in den Lüften für immer."

Hans horchte genau zu und sagte drauf: „Wer nicht an Wunder glaubt, den hält die Wahrheit oft zum Narren, und für eine Narretei hielt ich es immer, wenn mir mein Vater sagte, er habe in seinen jungen Jahren auch um ein Fräulein gefreit und sich von ihr wieder abgewandt, weil ihn ein Kränzelzauber genarrt hatte. Denn hört und wisst es nur, auch ich habe Ahnen, die mir von Schwert und Panzer nur diese Axt hinterließen. Und jetzt, Gott sei es gedankt, sei es wie es wolle, ob die Welt grün oder blau oder grau sei, ich fühle festen Boden unter mir. Ich glaube steif und fest an Wunder und lebe und sterbe in diesem Glauben, er allein, wie kein anderer Geist, schlägt aus einem Bettelsack Ströme von Gold."

Neuenhammer.
ZA 202 645

Zwerge sind arbeitsam und reich. Sie fertigen aus den Schätzen der Berge glitzernden Zierrat, der Begehrlichkeiten weckt, doch sie wollen dafür auch ihren Lohn. Nicht selten besteht der in einer sexuellen Beziehung zu der beschenkten jungen Frau, die sich den Zwergen als Gegenleistung ergeben muss.

Reine, unbefleckte Jungfrauen galten lange Zeit als Ideal aller Liebessehnsucht. Die Bewahrung oder der Verlust dieses unberührten Zustands war für die Familie der jungen Frau, oft auch für die ganze Dorfgemeinschaft von großem Wert und Interesse. Spinnstuben, in denen sich die Frauen eines Orts trafen und gemeinsam arbeiteten, waren z. B. noch im 19. Jahrhundert förmliche Sittengerichte. „Gefallene Mädchen" mussten Schande und Spott ertragen, eine schwer mögliche Ehe war immer belastet.

Der Jungfernkranz wurde aus bestimmten Kräutern geflochten, von jungen Frauen zum Fest getragen oder vors Kammerfenster gehängt, um die bedrohte Unschuld vor dem Versucher zu schützen. Unzählige, besonders religiöse Praktiken und Bräuche rund um diese Kränze sind bekannt.

Der Anonymus von Neuenhammer: Aus Neuenhammer stammt eine stattliche Reihe von novellenhaften Einträgen des Schoenwerthschen Sammelwerks, alle aus der Feder eines anonym gebliebenen Verfassers. Sie lassen erkennen, dass es am Ort einen sprachgewandten, sehr beweglichen, vielleicht auch andere inspirierenden Geist gegeben hat, der es verstand, seine geschulte Phantasie sprudeln zu lassen. War dieser Anonymus Schönwerths Schwiegervater Michael Rath oder war es gar Schönwerth selbst, der diese bezaubernden literarischen Kunstwerke geschaffen hat? Die hier gezeigte Fassung des „Kränzelzaubers" hat bewusst die antikisierende Sprache des 19. Jahrhunderts bewahrt, in dem das Kunstmärchen entstand, eingegriffen wurde nur zum Zweck der besseren Verständlichkeit.

Kunstmärchen, wie der „Kränzelzauber", haben im Unterschied zu Volksmärchen einen eindeutigen, wenn auch teils namentlich nicht bekannten Verfasser und Zeitpunkt der Entstehung. Sie entlehnen häufig Motive aus den Volksmärchen, gehen aber meist ab von deren Schwarz-Weiß-Muster und dem immer positiven Ausgang. Volksmärchen leben von sehr alten, vorchristlichen Motiven, die auch vermischt werden können, alle aus der mündlichen Tradition stammen und durch Weitergabe der Geschichte von Erzähler zu Erzähler über Generationen überdauert haben.

Erzählen ist eine der ältesten Kunstformen der Welt!